首都圏版⑪　**最新入試に対応！ 家庭学習に最適の問題集!!**

白百合学園 小学校

2022年度版 過去問題集

<問題集の効果的な使い方>

①お子さまの学習を始める前に、まずは保護者の方が「入試問題」の傾向や、どの程度難しいか把握します。もちろん、すべての「学習のポイント」にも目を通してください

②各分野の学習を先に行い、基礎学力を養いましょう！

③「力が付いてきたら」と思ったら「過去問題」にチャレンジ！

④お子さまの得意・苦手がわかったら、その分野の学習を進め、全体的なレベルアップを図りましょう！

合格のための問題集

白百合学園小学校

図形	Ｊｒ・ウォッチャー４「同図形探し」
記憶	Ｊｒ・ウォッチャー20「見る記憶・聴く記憶」
推理	Ｊｒ・ウォッチャー31「推理思考」
言語	Ｊｒ・ウォッチャー60「言葉の音（おん）」
口頭試問	新口頭試問・個別テスト問題集

2018～2021年度 過去問題を掲載 ＋ 各問題にアドバイス付!!

日本学習図書（ニチガク）

目指せ！合格！

家庭学習ガイド
白百合学園小学校

ペーパー　絵　画　個別テスト　口頭試問　行動観察　親子面接

入試情報

応募者数：非公表
出題形式：ペーパー・ノンペーパー
面　　接：保護者・志願者面接
出題領域：ペーパーテスト（記憶、常識、図形など）、絵画、口頭試問、行動観察

入試対策

2021年度の入学試験は、昨年同様、上記内容が実施されました。録音による出題に答える形式にも変更はありませんでした。「ペーパーテスト」は幅広い分野からの出題となっている上、制限時間も短く正確さが求められますので、時間を意識した対策は必須です。また、ペーパーテストで求められるような知識が、個別テストでも問われることが特徴の１つです。おはじきやカードで答える問題もよく出されますので、筆記用具を使わない回答形式にも慣れておきましょう。「行動観察」は、「自由遊び」を通して協調性を測ります。考査時間は、以前よりも短くなりましたが、２時間を越える考査に耐えるための体力・集中力は必須です。

●ペーパーテスト・個別テストでは、たし算・ひき算などの数量や、ブラックボックス・水量といった推理分野など、思考力を必要とする難しい問題が出題されることがあります。基礎学力を徹底し、応用問題にも挑戦していきましょう。

●近年は常識分野の出題が目立っています。生活知識や言葉の使い方は自然と培われるものですが、さらに発展的問題に取り組む必要があります。

●親子面接は志願者に質問が集中します。友だちの名前や遊び方、手伝い、食べ物の好き・嫌いについてなどオーソドックスな質問が中心ですので、答える内容以前に、お子さまの「らしさ」がしっかり発揮できるよう、会話に慣れさせるようにしましょう。

「白百合学園小学校」について

〈合格のためのアドバイス〉

当校は、入学後の規律が厳しいことがよく知られています。しかし、学校側ではそれを特に厳しいものとは考えていません。1つひとつをお子さまの成長において必要な躾として位置付けています。そのような考えを持った学校であれば、同じ考えを持ったご家庭とともに6年間を歩んでいくことを望んでいると考えることができます。同様に入学試験においても、それらの点を観ているのは当然でしょう。具体的には、言葉遣い、立ち居振舞い、生活習慣、取り組み方などが挙げられます。特に、当校の「従順・勤勉・愛徳」の3つの校訓の後に、「すすんで～」という言葉が続いていることから、「取り組み方」は非常に重要であることがうかがえます。その点を踏まえて家庭学習計画・方針を立てることがポイントになります。

入学試験においては難易度の高い問題も時折出題されていますが、難しい問題だけに重点をおいたり、結果ばかりを重視した学習を行うことは得策とは言えません。個別テストが実施されていることからも、解答を導き出すまでのプロセスに重点をおいた学習と基本問題の学習を徹底して行うようにしてください。プロセスを確認する方法としては、問題を解いた後に、どうしてその答えになったかの説明をさせる方法があります。またいつも同じ問題で間違えてしまうお子さまには、お子さまが先生、保護者が受験生役になって問題の説明をさせることで、どの過程で間違えているかを把握することができます。

このように少し工夫をすることで柔軟な学習が可能になり、難度の高い問題にも対応できる力が備わります。まずは、基礎学力と柔軟な思考力、想像力、表現力をしっかり身に付けるように心がけてください。

〈2021年度選考〉

〈面接日〉

◆保護者・志願者面接（考査日前に実施）

◆アンケート（面接時）

※受験票といっしょに送られてきたアンケートは面接日前に記入し、面接時に手渡しする。

〈考査日〉

◆ペーパーテスト

◆個別テスト・口頭試問

◆絵画（集団）

◆行動観察・巧緻性（集団）

◇過去の応募状況

2016～2021年度 非公表

入試のチェックポイント

◇受験番号は…「ランダムに決める」

◇生まれ月の考慮…「なし」

〈本書掲載分以外の過去問題〉

◆常　識：同じかぞえ方（枚・本・匹など）のものを選ぶ。［2014年度］

◆迷　路：条件迷路（いくつかの指示を守りながら出口を目指す）。［2014年度］

◆図　形：見本の形を作るのに使わない形を選ぶ。［2014年度］

◆常　識：野菜とその断面の正しい組み合わせを作る。［2015年度］

◆数　量：オセロの黒と白を同じ数にする。［2012年度］

◆推　理：回転している形の足りないところに、形ををおぎなう。［2015年度］

㊙ 先輩ママたちの声！

◆実際に受験をされた方からのアドバイスです。
ぜひ参考にしてください。

白百合学園小学校

・ペーパーテストは解答時間が短いので、１度で確実に答えられるように練習をしました。

・ペーパー、行動観察、面接など総合的に評価しているように感じました。

・面接で、子どもへの質問が矢継ぎ早やに行われ、泣き出してしまったお子さまもいたようです。面接の練習はしておいた方がよさそうです。

・想像以上の長時間で、娘は電車の席に座った途端、寝てしまいました。待ち時間用に本を持って行った方がよいでしょう。

・子どもの態度、姿勢、行動すべてを試験時間の中で細かく観察されているように思います。

・先生方や在校生の方から、とても落ち着いた雰囲気がうかがえて、よい学校であると感じました。面接も和やかな雰囲気の中で行われました。

・試験時間が長く、子どもの忍耐力が試される試験です。特に個別テストを行なう時の順番待ち時間は長いようなので、試験前にお子さまにそのことを伝えておいた方がよいと思います。

・面接での保護者への質問は、家庭環境・教育方針についてのものが多いようです。子ども（志願者）に兄弟・姉妹がいると、それに関する質問も多くなるようです。

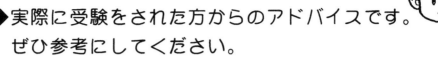

白百合学園小学校

過去問題集

〈はじめに〉

現在、少子化が叫ばれているにもかかわらず、私立・国立小学校の入学試験には一定の応募者があります。入試は、ただやみくもに学習するだけでは成果を得ることはできません。志望校の過去における出題傾向を研究・把握した上で、練習を進めていくこと、その上で試験までに志願者の不得意分野を克服していくことが必須条件です。そこで、本問題集は小学校を受験される方々に、志望校の出題傾向をより詳しく知って頂くために、過去に遡り出題頻度の高い問題を結集いたしました。最新のデータを含む精選された過去問題集で実力をお付けください。

また、志望校の選択には弊社発行の「2022年度版　首都圏・東日本　国立・私立小学校　進学のてびき」をぜひ参考になさってください。

〈本書ご使用方法〉

◆出題者は出題前に一度問題を通読し、出題内容などを把握した上で、〈　準　備　〉の欄に表記してあるものを用意してから始めてください。

◆お子さまに絵の頁を渡し、出題者が問題文を読む形式で出題してください。問題を読んだ後で、絵の頁を渡す問題もありますのでご注意ください。

◆「分野」は、問題の分野を表しています。弊社の問題集の分野に対応していますので、復習の際の目安にお役立てください。

◆一部の描画や工作、常識等の問題については、解答が省略されているものがあります。お子さまの答えが成り立つか、出題者が各自でご判断ください。

◆〈　時　間　〉につきましては、目安とお考えください。

◆解答右端の［〇年度］は、問題の出題年度です。［2021年度］は、「2020年の秋から冬にかけて行われた2021年度入学志望者向けの考査で出題された問題」という意味です。

◆学習のポイントは、指導の際にご参考にしてください。

◆【おすすめ問題集】は各問題の基礎力養成や実力アップにお役立てください。

〈本書ご使用にあたっての注意点〉

◆文中に **この問題の絵は縦に使用してください。** と記載してある問題の絵は縦にしてお使いください。

◆〈　準　備　〉の欄で、クレヨンと表記してある場合は12色程度のものを、画用紙と表記してある場合は白い画用紙をご用意ください。

◆文中に **この問題の絵はありません。** と記載してある問題には絵の頁がありませんので、ご注意ください。なお、問題の絵の右上にある番号が連番でなくても、中央下の頁番号が連番の場合は落丁ではありません。

下記一覧表の●が付いている問題は絵がありません。

問題1	問題2	問題3	問題4	問題5	問題6	問題7	問題8	問題9	問題10
						●	●		●
問題11	問題12	問題13	問題14	問題15	問題16	問題17	問題18	問題19	問題20
問題21	問題22	問題23	問題24	問題25	問題26	問題27	問題28	問題29	問題30
●	●								
問題31	問題32	問題33	問題34	問題35	問題36	問題37	問題38	問題39	問題40
		●							●
問題41	問題42								

◎学習効果を上げるため、前掲の「家庭学習ガイド」及び「合格のためのアドバイス」をお読みになり、各校が実施する入試の出題傾向を、よく把握した上で問題に取り組んでください。
※冒頭の「本書ご使用方法」「本書ご使用にあたっての注意点」も併せてご覧ください。

2021年度の最新問題

問題1　分野：言語（言葉の音遊び）

〈準備〉　サインペン

〈問題〉　左の絵と同じ音が入っているもの全部に○をつけましょう。

〈時間〉　1分

問題2　分野：図形（同図形探し）

〈準備〉　クーピーペン（青）

〈問題〉　四つ葉のクローバーを探してください。見つけた四つ葉のクローバーには○をつけてください。

〈時間〉　30秒

問題3　分野：数量（選んで数える・数を分ける）

〈準備〉　サインペン（青）

〈問題〉　（問題3－1の絵を渡す）
①左側の絵を見てください。ブドウはいくつありますか。ブドウの数だけ、右側のお部屋に○をつけてください。
②左側の絵を見てください。このイチゴを3人でわけます。1人何個もらえますか。もらえる数だけ、右側のお部屋に○をつけてください。
（問題3－2の絵を渡す）
③お手本のセットを作りたいと思います。何セット作れますか。作れる数だけ、下のお部屋に○をつけてください。

〈時間〉　各30秒

問題4　分野：個別テスト（常識）

〈準備〉　おはじき

〈問題〉　（問題4の絵を見せる）
お友だちとおうちごっこをする時、どの役をやりたいですか。おはじきを置いてください。
・それはなぜですか。
・おうちごっこで、赤ちゃん役の人が赤ちゃんの真似をして泣きはじめました。何と言いますか。

〈時間〉　1分

問題5　分野：個別テスト（点・線図形）

〈準備〉　クーピーペン（青）

〈問題〉　（問題5－1の絵を中央に置きその右側に問題5－2の絵を、左側に問題5－3の絵を並べて置く）お手本の絵を見て、そのままの形を左の紙に、鏡に写した時の形を右の紙に、それぞれ書き写しましょう。

〈時間〉　2分

問題6　分野：個別テスト（音を選ぶ）

〈準備〉　おはじき、出題の音源、再生装置

〈問題〉　これから、先生が音を流します。よく聞いて、その音を出しているものの上におはじきを置いてください。
（①ドアを叩く音　②水で手を洗う音　③スズムシの音をそれぞれ流す）

〈時間〉　各20秒

問題7　分野：個別テスト（音遊び）

〈準備〉　空のペットボトル2本、空き缶、新聞紙、ビー玉

〈問題〉　**この問題の絵はありません。**
机の上に置いてあるものを使って、好きな音を出してください。なるべくたくさんの種類の音を出してください。

〈時間〉　適宜

問題８　分野：個別テスト（巧緻性）

〈準備〉　鍵、ひも
鍵に空いている穴に紐を通して蝶結びにしたお手本を作っておく。

〈問題〉　**この問題の絵はありません。**
お手本のようにひもを通して、蝶結びにしてください。

〈時間〉　１分

問題９　分野：行動観察

〈準備〉　問題９の絵を３枚コピーし、魚を切り抜いて、魚の口の裏にクリップをセロハンテープで貼って、魚を作る（12匹）。50cmくらいの棒の先に、60cmのひもをつけ、そのひもの先に磁石を結びつけて釣り竿にする。レジャーシートの上に魚をランダムに置いておく。

〈問題〉　※この課題は、５人１グループで行う。
①魚を釣る人・お客・お店の人の役を話し合って決めてください。
②１回２分で魚をできるだけ多く釣ってください。
③３回やったらおしまいです。

〈時間〉　６分

家庭学習のコツ①　「先輩ママのアドバイス」を読みましょう！

本書冒頭の「先輩ママのアドバイス」には、実際に試験を経験された方の貴重なお話が掲載されています。対策学習への取り組み方だけでなく、試験場の雰囲気や会場での過ごし方、お子さまの健康管理、家庭学習の方法など、さまざまなことがらについてのアドバイスもあります。先輩ママの体験談、アドバイスに学び、ステップアップを図りましょう！

問題10　分野：親子面接

〈準 備〉　なし

〈問 題〉　この問題の絵はありません。

〈志願者へ〉
- お名前を教えてください。
- 通っている幼稚園のお名前を教えてください。
- 担任の先生のお名前はなんですか。
- 仲のよいお友だちのお名前を教えてください。
- お友だちとは何をして遊びますか。
- その遊びでは何の役をするのが好きですか。
- おかあさんにほめられるのはどんな時ですか。
- 小学校に入ったら、どんなことをしたいですか。
- お休みの日はどんなことをしますか。

〈父親へ〉
- 面接カードの内容はお父さまが考えられたのですか。
- お子さまの受け答えした内容について、どのくらい知っていましたか。
- 志望理由をお聞かせください。
- 学校に来られたことはありますか。
（あると答えた場合）どのような時においでになりましたか。その行事はいかがでしたか。
- ふだんお休みの日には何をしていますか。
- お子さまと何をして遊びますか。
- お子さまが将来どんな人になって欲しいですか。
- お子さまの将来の夢はご存知ですか。
- ふだんお子さまにどのように関わっていますか。
- キリスト教、宗教教育についてどのようにお考えですか。

〈母親へ〉
- コロナ禍に対して、ご家庭ではどのように工夫されましたか。
- 今日のお子さまのご様子を見てどうですか。
- お子さまが幼稚園でケンカをした時、どのように対応しますか。
- 躾について、学校にどのようなことを求めますか。
- 躾について、ご家庭ではどのようにしていますか。
- 子育てで大変だったことは何ですか。
- お子さまが最近１人でできるようになったことはありますか。
- お子さまの直した方が良いと思うところはありますか。
- お子さまに将来どんな女性になって欲しいですか。
- 学校見学にはいらっしゃいましたか。その時のお子さまの様子はどのようでしたか。
- 子育てで悩んだりしたとき相談する相手はいますか。

〈時 間〉　適宜

家庭学習のコツ②　「家庭学習ガイド」はママの味方！

問題演習を始める前に、試験の概要をまとめた「家庭学習ガイド（本書カラーページに掲載）」を読みましょう。「家庭学習ガイド」には、応募者数や試験科目の詳細のほか、学習を進める上で重要な情報が掲載されています。それらの情報で入試の傾向をつかみ、学習の方針を立ててから、対策学習を始めてください。

問題 1

問題2

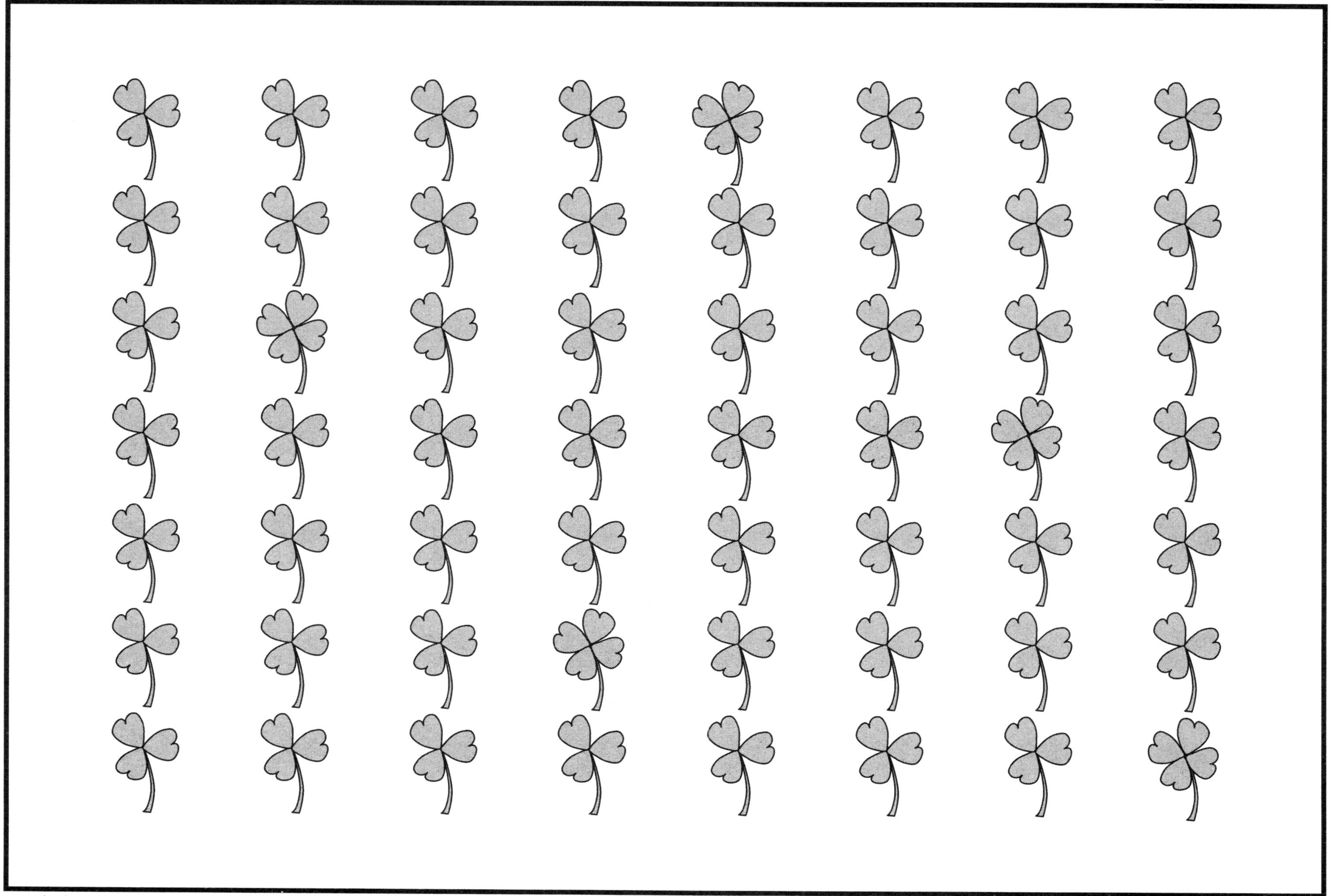

①

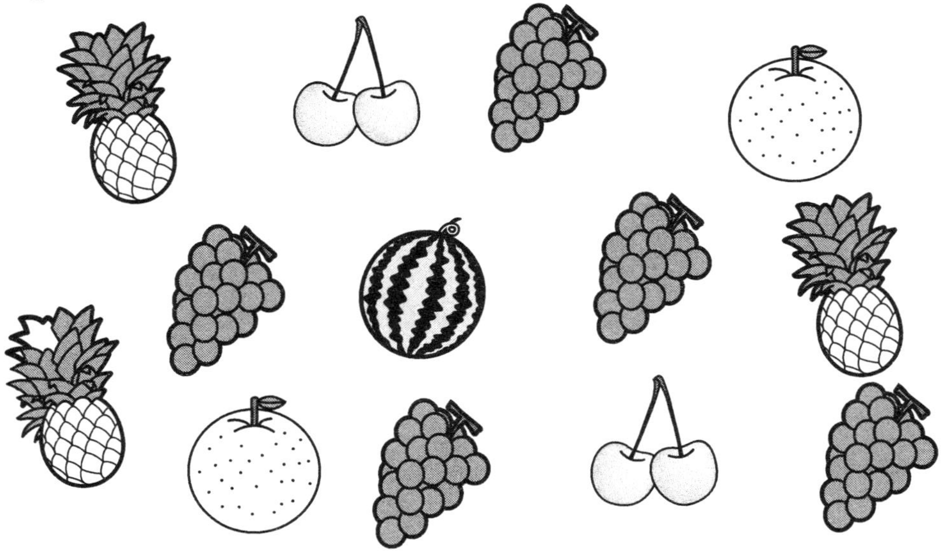

②

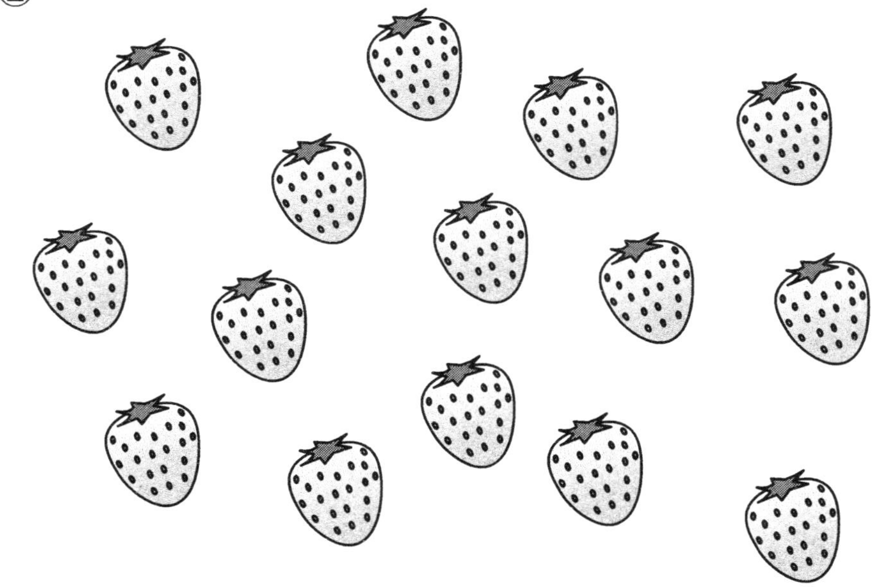

③

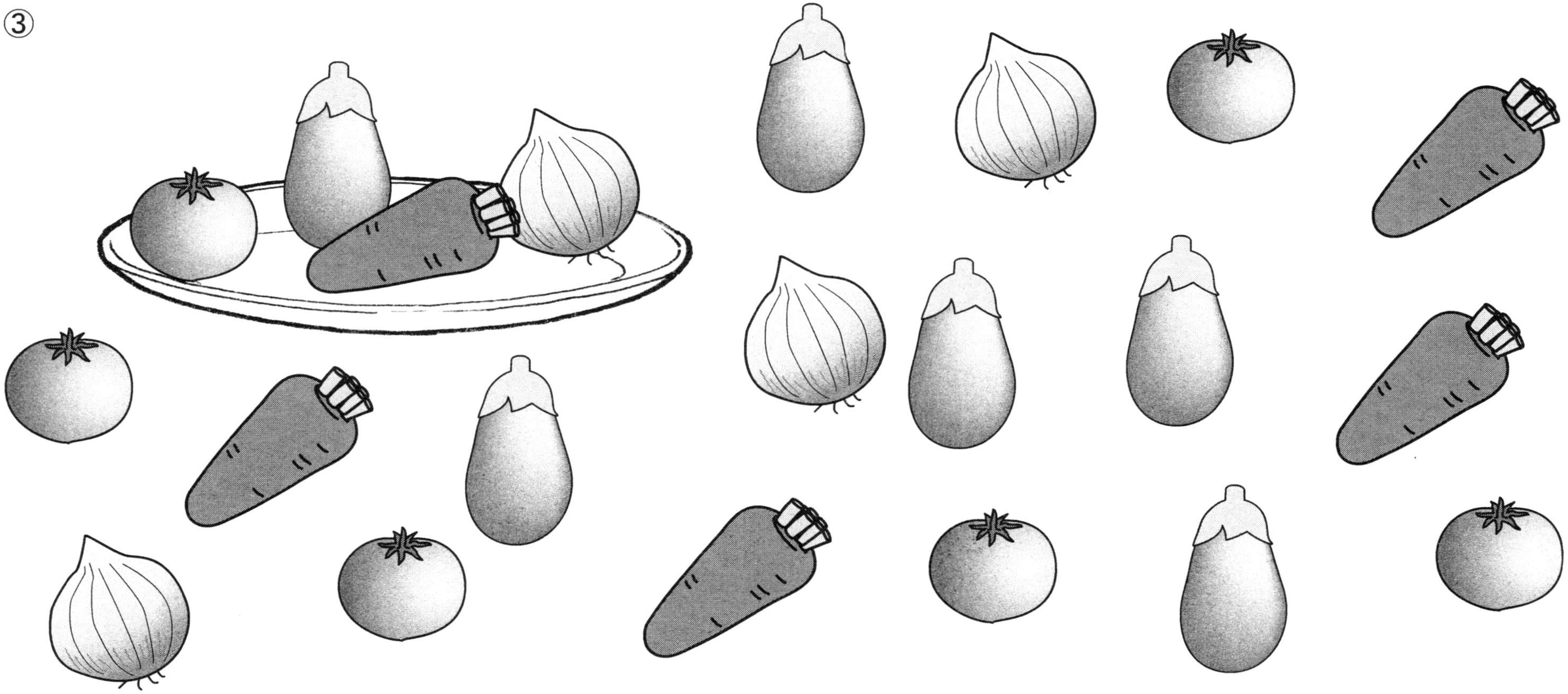

2022 年度　白百合学園小学校　過去　無断複製／転載を禁ずる　　日本学習図書株式会社

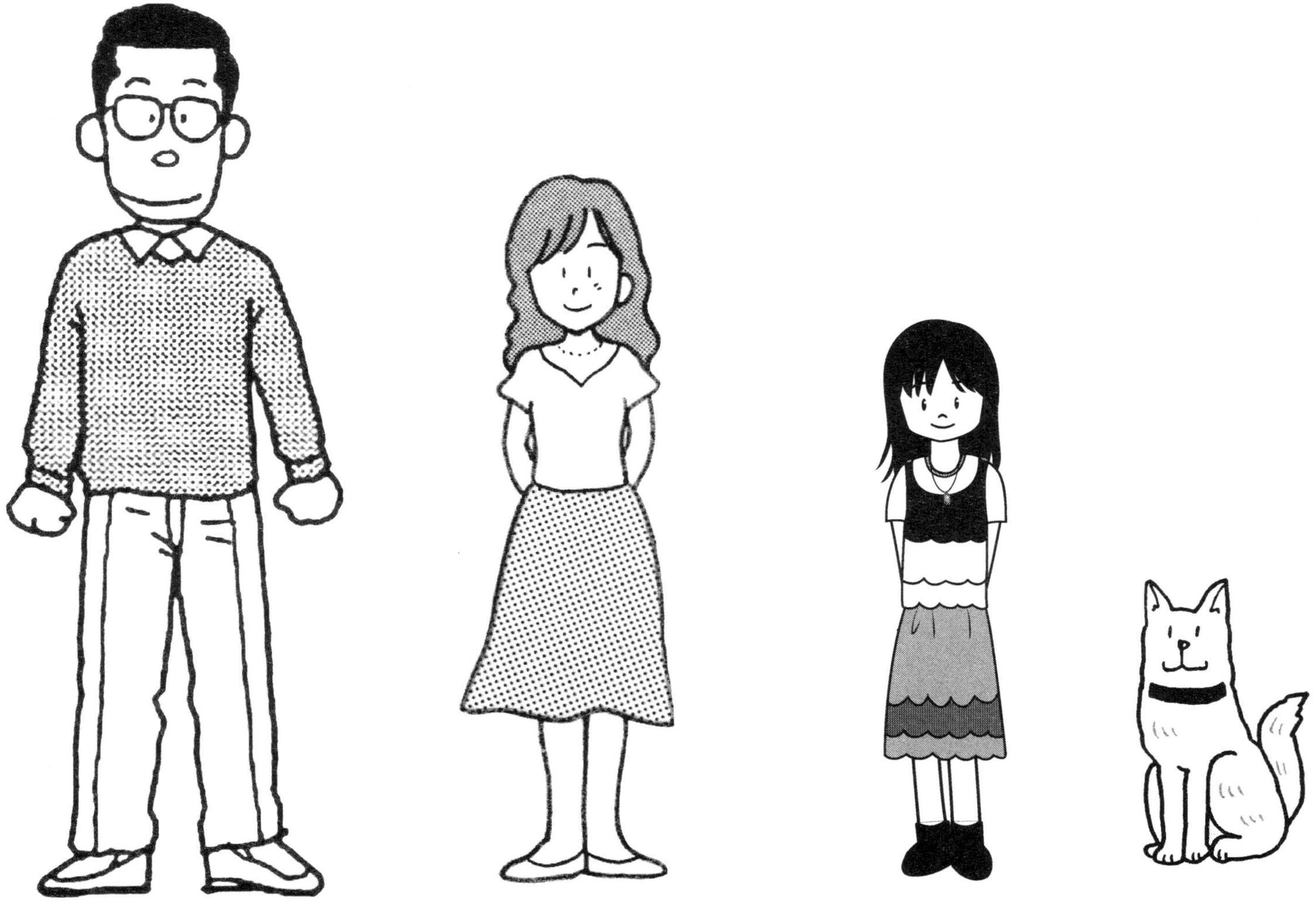

問題5－1

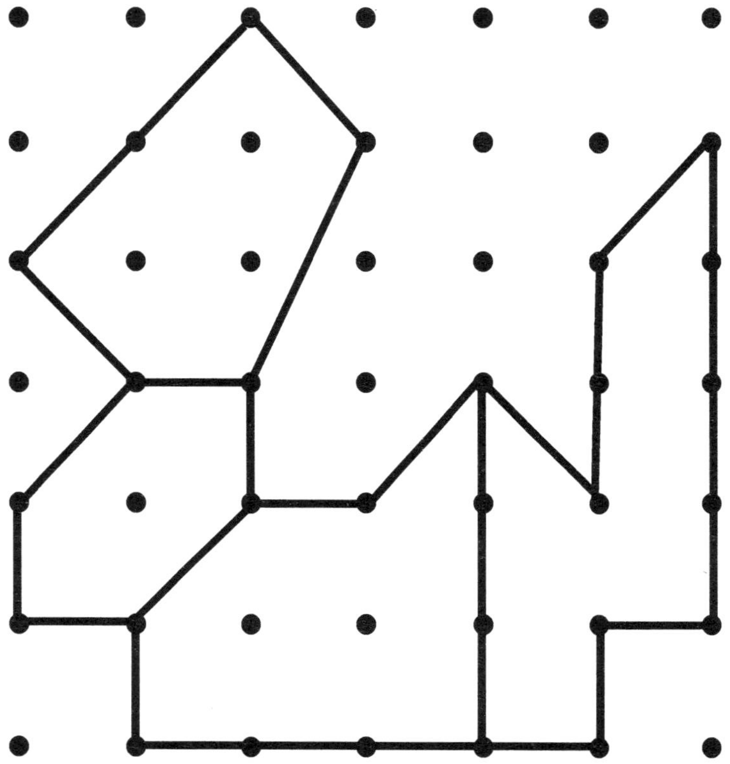

問題５－２

（問題５-１の絵の右に置く）

問題5－3

（問題5-1の絵の左に置く）

問題6

2022 年度　白百合学園小学校　過去　無断複製／転載を禁ずる　　日本学習図書株式会社

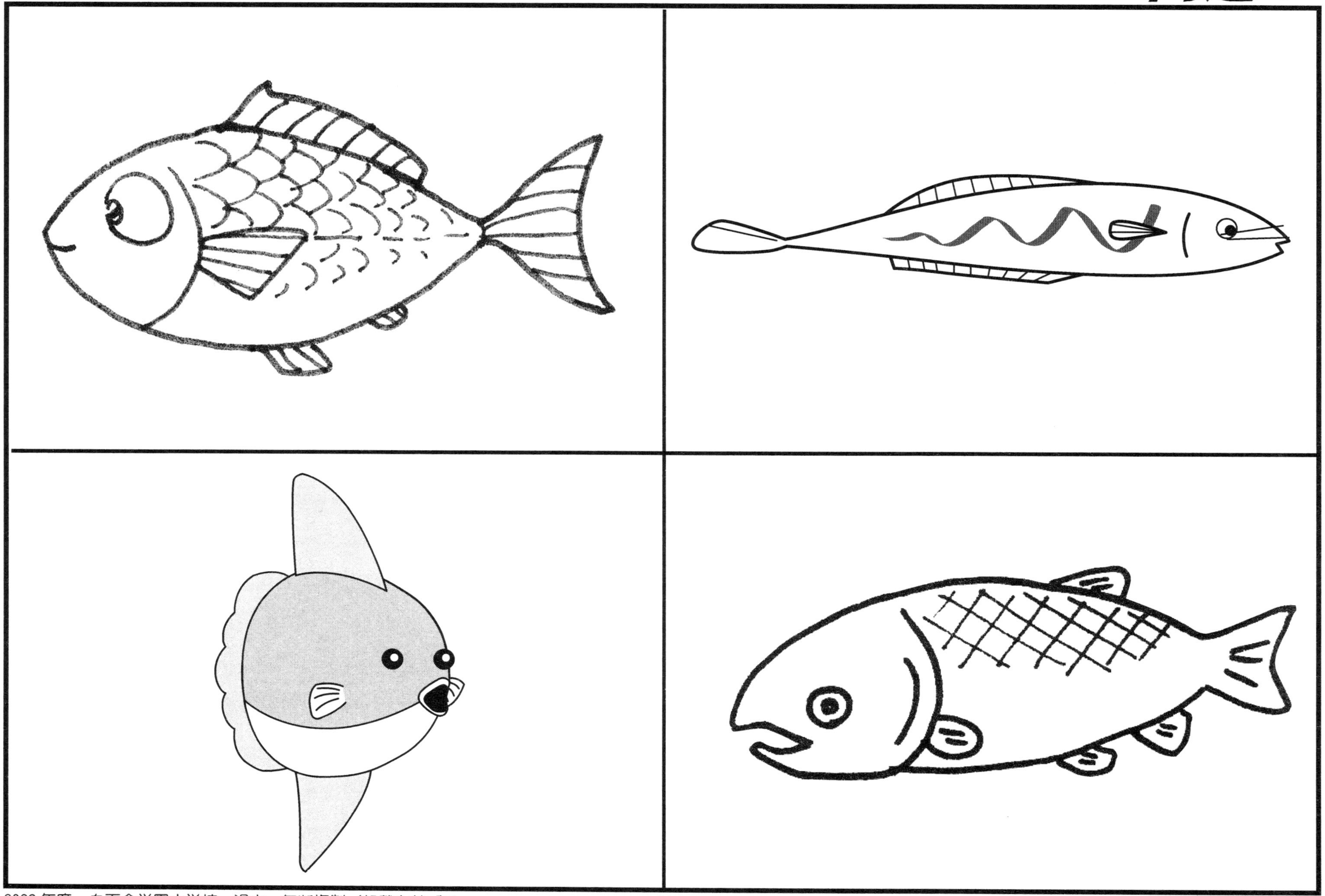

2021年度入試
解答例・学習アドバイス

解答例では、制作・巧緻性・行動観察・運動といった分野の問題の答えは省略されています。こうした問題では、各問のアドバイスを参照し、保護者の方がお子さまの答えを判断してください。

問題1　分野：言語（言葉の音遊び）

〈解 答〉　下図参照

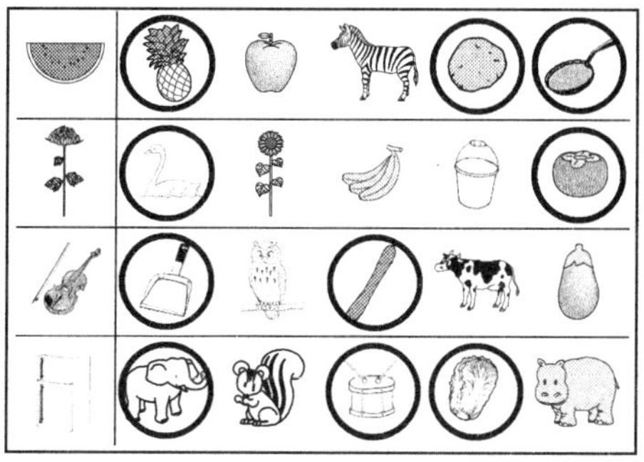

言葉の問題は、当校に限らず頻出問題です。当校の問題の特徴は、単純なしりとりや頭音・尾音集めではなく、言葉の持つ複数の要素を同時に考えて解くところにあります。この問題で言えば、手本の言葉に含まれているすべての音のどれかが含まれていれば、その言葉には○を付けなければなりません。２音などの簡単な言葉が手本ならばよいのですが、５音となると５種類の音を探していくのですから、かなり難しくなります。まとめて照らし合わせるのではミスが出やすいので、１つか２つずつの音に分けて確認していくといいでしょう。言葉は慣れですから、言葉の意味と音を切り離して考えられるように練習を繰り返しましょう。

【おすすめ問題集】

Ｊｒ・ウォッチャー60「言葉の音（おん）」

問題2　分野：図形（同図形探し）

〈解 答〉　下図参照

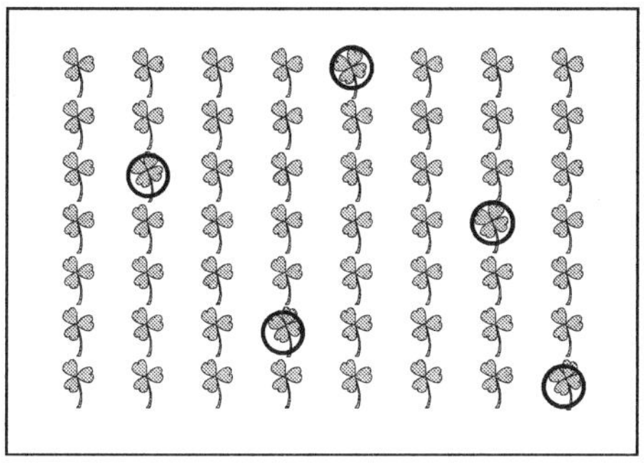

昨年も出題された同図形探しのバリエーションです。たくさんの同じ図形の中から、少しだけ違うものを探します。今回はクローバーです。葉っぱの枚数をよく見て探すことが大切です。制限時間は充分にありますので、慌てずに探しましょう。全体を絵として見て、違和感のあるところをよく見て探す、というのも１つの方法ですが、慣れないうちは１つずつ見てチェックすると取り組みやすいものです。楽しく探してみましょう。

【おすすめ問題集】

Ｊｒ・ウォッチャー４「同図形探し」

問題3　分野：数量（選んで数える・数を分ける）

〈解 答〉　①○：５　②○：５　③○：３

数える問題に共通していることですが、目で数えることができるようになることが大切です。制限時間から言っても、鉛筆で○を書いて答える方法から考えても、指差しで数えていては答えられません。ブドウだけを見て数える、全体の数がいくつかを見てつかむなど、目で数える練習をしましょう。また、②は割り算の問題ですが、「３人で分ける」＝「３個のセットがいくつできるか考える」という発想で解くとわかりやすいでしょう。おやつを分けるお手伝いをしてもらうことや、全員分は何個になるか考えてもらうことなど、機会は意外と多いものです。日頃の生活の中で数を使って考えたり、ものの数を数えたりする機会を大切にしてください。

【おすすめ問題集】

Ｊｒ・ウォッチャー37「選んで数える」、40「数を分ける」

問題4　分野：個別テスト（常識）

〈解 答〉　省略

おうちごっこを通じて、お子さまがどのような家族の中で育っているか、どのような感覚を持って家族と関わっているかが観えるテストです。おうちごっこの中で、「赤ちゃんが泣く」という出来事に対してどのような行動を取るのか、どのような言葉をかけるのか、そこにお子さまの性格だけでなく、ご家庭がお子さまをどのように育てているかも表れます。特に構える必要はありません。お子さまが持っている優しさを表現できればよいのです。

【おすすめ問題集】
新口頭試問・個別テスト問題集

問題5　分野：個別テスト（点・線図形）

〈解 答〉　下図参照（鏡図形のみ）

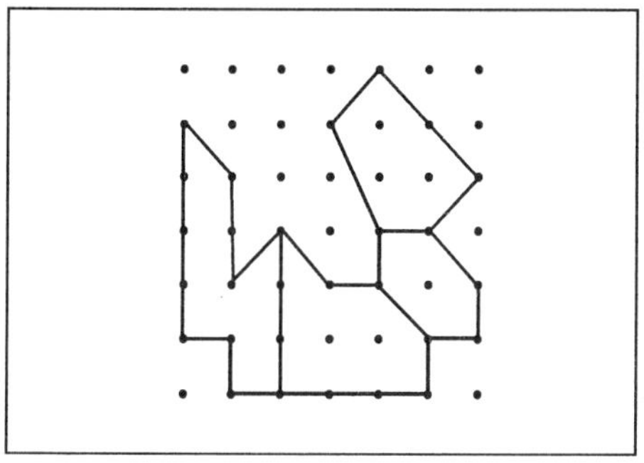

複雑な点図形の模写が出題されました。ポイントは、鏡に映った形も想像して描くところにあります。鏡図形を見分ける練習をしてきたお子さまには、イメージするところまではさほど難しくないかもしれません。それを正しく点と点を結んで描くところに、この問題の難しさがあります。慌てず、自分のイメージのとおりに、点の位置を間違えずに結びましょう。難しければ、複雑な点図形を写す練習をしてから、その鏡像を描いてみることです。練習を重ねるとすらすらできるようになり、楽しくなるものです。図形の感覚も育つトレーニングですから、あきらめずに取り組んでください。

【おすすめ問題集】
新口頭試問・個別テスト問題集、
Ｊｒ・ウォッチャー１「点・線図形」、48「鏡図形」

問題6　分野：個別テスト（音を選ぶ）

〈解答〉　省略

日頃よく耳にする音や、身近な生き物の鳴き声など、お子さまを取り巻く音に関する問題です。生活の中で耳にする音から、誰が何をしているのかを知ることは日頃よくあることです。また、身近な環境の中にいる生き物に興味を持ち、心を寄せることも、当校の教育の中に含まれています。また、スズムシの声を聞いたことがなくても、都会の中でもセミの声やカラスの声は聞いたことがあるはずです。そこから消去法でスズムシの声だと見当をつけること、つまり自分の経験からの類推で正解を導くことができます。身の回りの環境に興味を持ち、さまざまな音に耳を傾けることの大切さと合わせて、自分の知っていることからまだ知らないことの見当をつける能力も見ることができる、多角的な視点の出題です。

【おすすめ問題集】
新口頭試問・個別テスト問題集

問題7　分野：個別テスト（音遊び）

〈解答〉　省略

本年は音に関する出題が多いようです。身近なものを使って音を出す遊びは、やったことのないお子さまはいないでしょう。小さな乳児の頃から、何かを叩いて音が出ることに気づいてそれを喜んだり楽しんだりしたことがあったはずです。ですから、テストと身を固くして緊張してしまうのではなく、先生に音を出してみせる遊びととらえるとよいでしょう。条件の１つに「なるべくたくさんの種類の音を出すこと」というのがありますから、ペットボトルの中にビー玉を入れて振る、空き缶の中にビー玉を入れて振る、ペットボトル同士をぶつけ合わせる、ペットボトルで缶を叩く、新聞紙をくしゃくしゃに丸める、紙鉄砲を折って音を出すなど、さまざまな音の出し方を試してみてください。

【おすすめ問題集】
新口頭試問・個別テスト問題集

問題8　分野：個別テスト（巧緻性）

〈解答〉　省略

手先の器用さを見る巧緻性の問題です。鍵に空いている小さな穴にひもを通して蝶結びにする、というのは、日常生活の中で実際にする可能性のある動作です。教えられたとおりにやるのではなく、お手本を見て、やり方を考え、やってみるところがポイントです。蝶結びは多くの学校で出題される動作です。縦結びにならないよう、ひもの回し方を正しくできるようによく練習しましょう。

【おすすめ問題集】
新口頭試問・個別テスト問題集、実践 ゆびさきトレーニング①②③

問題9　分野：行動観察

昨年に続いて自由に遊ぶ様子を見る課題です。今年は魚釣りで、お店の人・釣り人・お客の役割分担を話し合って決め、交代で遊ぶ課題でした。声をかけたり意見を言う積極性、話し合って決めたとおりに分担して実行する協調性、楽しい遊びを交代する思いやりなど、１人ひとりのいろいろな側面が表れます。また、魚を磁石でくっつけて手元に引き寄せる時に人にぶつからないようにしたりひもが絡んだりしないようにするなど、周囲への自然な気遣いやボディコントロールの年齢相応の発達も見られます。楽しく遊ぶことは大切ですが、自分だけでなくみんなで楽しく遊べるようにする振る舞いも大切です。こういったことをすべてできるお子さまである必要はなく、その場に応じて自然に振る舞えればよいのです。

【おすすめ問題集】
Ｊｒ・ウォッチャー29「行動観察」

問題10　分野：親子面接

面接の時は、両親の間にお子さまが座り、面接官３人が対面しているという形です。大人に囲まれる状況では、お子さまは緊張しやすいものですが、ごく一般的な質問ばかりなので、ふだんどおりに話して問題ありません。ただし、お子さまの答えに対して、さらに掘り下げる質問が続くことがあるので注意してください。この質問の意図は内容ではなく、会話のキャッチボールができるかという観点で行われるものですから、相手の質問に沿った答えができれば大丈夫です。当校の伝統と格式を意識すると緊張してしまうのも無理はありませんが、質問の内容にはほかの私立小学校と大きな違いはありません。かしこまっていつもと違う振る舞いをしようとするとかえってよくない印象を持たれるので、保護者の方もふだんどおりに真面目に穏やかにお答えになるとよいでしょう。

【おすすめ問題集】
面接テスト問題集、新 小学校受験の入試面接Ｑ＆Ａ

白百合学園小学校　専用注文書

年　　月　　日

合格のための問題集ベスト・セレクション

＊入試頻出分野ベスト３

1st　推　理

聞く力　観察力　思考力

2nd　言　語

語彙力　聞く力　集中力

3rd　記　憶

観察力　聞く力　集中力

幅広い分野からの問題が、ペーパーと口頭試問の２形式で出題されます。問題の中には難しいものもあり、制限時間も短いので、学力と要領のよさが同時に要求されます。

分野	書　名	価格(税込)	注文	分野	書　名	価格(税込)	注文
図形	Ｊr・ウォッチャー１「点・線図形」	1,650円	冊	推理	Ｊr・ウォッチャー32「ブラックボックス」	1,650円	冊
図形	Ｊr・ウォッチャー２「座標」	1,650円	冊	常識	Ｊr・ウォッチャー34「季節」	1,650円	冊
図形	Ｊr・ウォッチャー３「パズル」	1,650円	冊	図形	Ｊr・ウォッチャー45「図形分割」	1,650円	冊
図形	Ｊr・ウォッチャー４「同図形探し」	1,650円	冊	図形	Ｊr・ウォッチャー46「回転図形」	1,650円	冊
図形	Ｊr・ウォッチャー８「対称」	1,650円	冊	図形	Ｊr・ウォッチャー47「座標の移動」	1,650円	冊
常識	Ｊr・ウォッチャー12「日常生活」	1,650円	冊	図形	Ｊr・ウォッチャー48「鏡図形」	1,650円	冊
言語	Ｊr・ウォッチャー17「言葉の音遊び」	1,650円	冊	常識	Ｊr・ウォッチャー55「理科②」	1,650円	冊
記憶	Ｊr・ウォッチャー19「お話の記憶」	1,650円	冊	常識	Ｊr・ウォッチャー56「マナーとルール」	1,650円	冊
記憶	Ｊr・ウォッチャー20「見る記憶・聴く記憶」	1,650円	冊	言語	Ｊr・ウォッチャー60「言葉の音（おん）」	1,650円	冊
巧緻性	Ｊr・ウォッチャー22「想像画」	1,650円	冊		実践 ゆびさきトレーニング①②③	2,750円	各　冊
常識	Ｊr・ウォッチャー27「理科」	1,650円	冊		面接テスト問題集	2,200円	冊
観察	Ｊr・ウォッチャー29「行動観察」	1,650円	冊		入試面接最強マニュアル	2,200円	冊
推理	Ｊr・ウォッチャー31「推理思考」	1,650円	冊		１話５分の読み聞かせお話集①②	1,980円	各　冊

合計	冊	円

（フリガナ） 氏　名	電　話 ＦＡＸ E-mail
住 所　〒　　　－	以前にご注文されたことはございますか。 有　・　無

★お近くの書店、または記載の電話・FAX・ホームページにてご注文をお受けしております。
電話：03-5261-8951　FAX：03-5261-8953　代金は書籍合計金額＋送料がかかります。
※なお、落丁・乱丁以外の理由による商品の返品・交換には応じかねます。

★ご記入頂いた個人に関する情報は、当社にて厳重に管理致します。なお、ご購入の商品発送の他に、当社発行の書籍案内、書籍に関する調査に使用させて頂く場合がございますので、予めご了承ください。

日本学習図書株式会社
http://www.nichigaku.jp

2020年度以前の問題

問題11　分野：図形（同図形探し・展開）

〈準 備〉　サインペン

〈問 題〉　①②それぞれの段に同じ形が２つあります。○をつけてください
③④折り紙を折って、左のように白い部分を切り取ると、広げた時にどのようになりますか。右から探して○をつけてください。

〈時 間〉　１分

〈解 答〉　下図参照

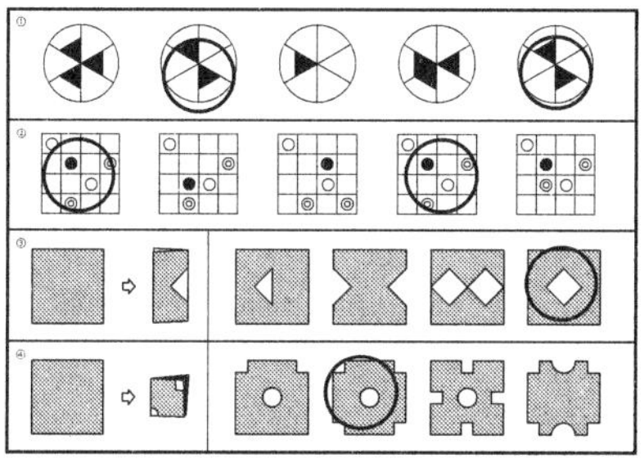

［2020年度出題］

学習のポイント

①②は同図形探しの問題です。こうした問題は形全体よりもその「部品」をチェックしていった方が早く答えられます。それぞれの形を繰り返し照合しても答えは出ますが、時間がかかり過ぎるのです。例えば①のように「円の中に三角形がある」場合なら、三角形だけを見ます。個数でも形でもよいですが、同じものを探すというやり方です。選択肢同士を比較するより、時間がかなり節約できるので試してみてください。③④は折った紙を広げたらどうなるかを考える「展開」の問題です。よく出題されるのは、この問題のように「正方形の紙を２つまたは４つ折りにした紙の一部分を切り取って、紙を広げる」タイプのものです。実際に紙とハサミを使って試してみれば、お子さまはすぐに理解できるのですが、ペーパーテストではそうもいきません。言葉で理解するのはなかなか難しいので、これはかりは実際に紙を折り、切込みを入れて開くという作業を繰り返してください。そのうちに「どうなるか」というイメージが思い浮かべられるようになるはずです。

【おすすめ問題集】
Ｊｒ・ウォッチャー４「同図形探し」、５「回転・展開」、８「対称」

問題12　分野：推理（複合）

〈準 備〉　クーピーペン（青）

〈問 題〉　①上の段を見てください。左に描いてあるバスがバス停に止まると、真ん中に描いてあるバスのように乗っている動物が変わりました。右の四角に描いてある動物の中からバス停で降りた人を選んで○、バス停で乗った人に△をつけてください。
②③
真ん中の段を見てください。左の四角に描いてある積み木のうち２個の積み木を動かして右の形にします。どの積み木を動かしたのでしょうか。動かした積み木を塗ってください。下の段も同じように答えてください。

〈時 間〉　１分

〈解 答〉　下図参照

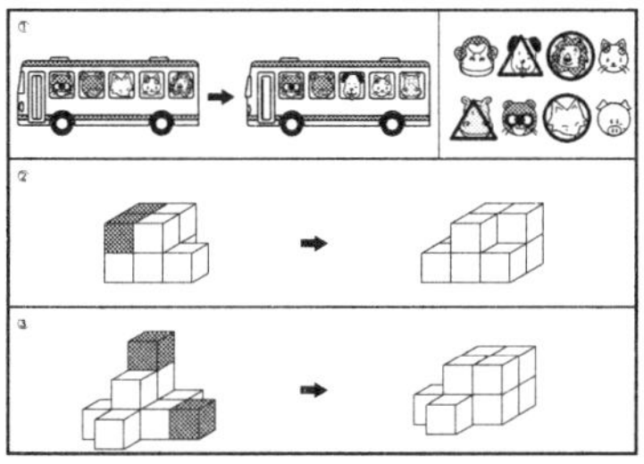

［2020年度出題］

学習のポイント

①は推理の問題ですが、あまり見かけない問題です。「バス停で降りた人に○、乗った人に△をつける」と、それほど難しいことを聞いているわけではありませんが、問題文をよく聞いていないと、聞かれている内容もどう答えるのかもわからなくなってしまうかもしれません。そういう意味では思考力と言うよりも集中力を観点にした問題とも言えます。②③は積み木の問題ですが、少しひねった問題です。解き方としては、積み替えた積み木（結果）の方から、はじめに組んであった積み木を見て「増えている積み木」を見つけた方がわかりやすいでしょう。「どの積み木を動かしたのか」とふつうに考えてもよいのですが、かえって時間がかかるかもしれません。解答方法が「積み木を塗って答える」という手間のかかる答え方だけに、少しでも時間を節約したいところです。

【おすすめ問題集】
　Ｊｒ・ウォッチャー16「積み木」、31「推理思考」、
　53「四方からの観察　積み木編」

問題13　推理（左右弁別）

〈準　備〉　サインペン（青）

〈問　題〉　この問題の絵は縦に使用してください。
ジャンケンの絵が描いてあります。勝っている手が右手の時は○を、左手の時は×を書いてください。

〈時　間〉　各30秒

〈解　答〉　①×　②×　③○　④○　⑤×　⑥×

［2020年度出題］

学習のポイント

ここでは右手と左手の区別がついているかをチェックしています。小学校受験では時々出題されるこの「左右の弁別」の問題、数量や図形の問題と複合して出題されることも多いようです。そうでなくても「右手を上げている人の数」「左に１回転した図形」といった表現はほかの問題でよく見かけるでしょう。その問題では、「左右の弁別」についてたずねているわけではなく、「わかっているもの」として問題に組み込んでいるのです。当たり前の話ですが、こうした問題では、自分の手や足といちいち見比べている時間はありません。鏡図形など見た目とは違う「左右の弁別」は別ですが、左右上下に関する指示は瞬間的に理解できるようしておきましょう。

【おすすめ問題集】
　Ｊｒ・ウォッチャー８「対称」、31「推理思考」

問題14　分野：言語（複合）

〈準　備〉　クーピーペン（青）

〈問　題〉　①上の段を見てください。左の四角に描いてある絵にそれぞれ数え方に合わせた記号がついています。例えば、鉛筆に○がついていますが、○は鉛筆の数え方という意味になるというお約束です。右の四角に描いてあるものにお約束に合わせて記号をつけてください。
②真ん中の段を見てください。「まく」という動作の絵には○を、「ひく」という動作の絵には△をつけてください。
③下の段を見てください。左の四角に描いてある絵の真ん中の音をつなげてできる言葉を右の四角から選んで○をつけてください。

〈時　間〉　１分

〈解　答〉　下図参照

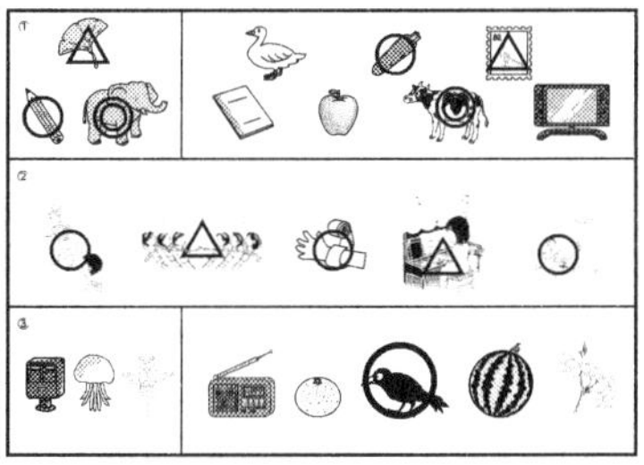

［2020年度出題］

学習のポイント

言語分野の問題を集約しています。①は数え方（「数詞」と言います）についてたずねる問題です。最近は箪笥（たんす）を「一竿（さお）」と数えない人も多いように、年々変化する言葉ですが、ふだんの生活で目にするものついては最低限知っておきましょう。本、皿、生きものなど「〜個」と数えないものに注意です。②は動作を表す同音異義語の問題です。ほかには「きる」「はく」「ふく」などが出題されますが、不安に思うようなら類題を解いてください。充分対応できます。③は言葉の音（おん）に関する問題です。しりとりができるお子さまなら、言葉がいくつかの音でできていることは理解しているのでしょうが、「真ん中の音」と言われると「？」となってしまうお子さまもいるかもしれません。そういうお子さまには言葉を一音ずつ区切って発音させてください。「く」「じ」「ら」と言ってもらえば、たいていのお子さまは、言葉が音の集まりだということを理解してくれます。

【おすすめ問題集】

Ｊｒ・ウォッチャー17「言葉の音遊び」、60「言葉の音（おん）」

問題15　分野：お話の記憶

〈準備〉　クーピーペン（青）

〈問題〉　次のお話を聞いて、後の質問に答えてください。

空には雲１つない、よい天気です。白い鳥は町に飛んできました。赤い屋根の２階建ての家の窓から、女の子とお母さんが「積み木で何を作ろうか」と相談しているのが聞こえます。お母さんは「お城を作りましょう」と言いました。女の子は「家族みんなで乗った青い船を作りたいの」と言いました。お母さんは「それはとてもいいわね」と言って褒めました。青い船を四角い積み木で作ろうとしましたが、足りなかったので三角の積み木を５個使いました。使った積み木は全部で８個です。積み木でいろいろなものが作れるのだなと白い鳥は思いました。次に白い鳥は公園に行きました。緑のエプロンをつけた先生と黄色いシャツに紺色のズボンをはいた子どもたちが遠足に来ていました。「花を摘まないこと、帽子をかぶって遊ぶこと、水筒を置いて遊ぶことがお約束です」と先生が言いました。タロウくんという男の子は、滑り台で遊んでから、砂場に行って砂のおやまを作りました。次はブランコ、その次はシーソーで遊びました。人間はいろんな遊びができるのだな、とその様子を眺めていた白い鳥は思いました。

①上の段を見てください。お話出てきた鳥に○、飛べない鳥に△をつけてください。
②下の段を見てください。タロウくんが２番目に遊んだものに○、４番目に遊んだもの△をつけてください。

〈時間〉　各15秒

〈解答〉　①○：左端　△：右から２番目　②○：右から２番目　△：左端

［2020年度出題］

学習のポイント

過去には長文のお話が出題されたこともありましたが、お話は500～600字程度という形に落ち着いてきたようです。質問の数は年によって違いますが、お話の流れに沿った質問と常識などについて聞く質問が入り交じる形になっています。ただし、お話と関係のない質問で聞かれるのは、基礎的な知識で、ある程度学習を進めているお子さまなら答えられるものです。特別な対策が必要なものではありません。お話の内容は年によって変わり、同年代のお子さまの日常の話もあれば、この問題のお話のようにファンタジーに近いものもあります。注意すべきなのは、ものや人の登場する順番や色や形など、細かな点についての質問でしょう。この長さであれば自然と頭に入るかもしれませんが、数、色、大きさ、順序などの表現が出てくれば注意して聞き、その場面をイメージしておくようにしましょう。

【おすすめ問題集】

１話５分の読み聞かせお話集①②、１話７分の読み聞かせお話集入試実践編①、
お話の記憶 初級編・中級編・上級編、Ｊｒ・ウォッチャー19「お話の記憶」

問題16 数量（比較）

〈準備〉 クーピーペン（青）

〈問題〉 この問題の絵は縦に使用してください。
１番上の段を見てください。左の四角に描いてあるものと真ん中の四角に描いてあるものはいくつ違いますか。違う数だけ右の四角に○を書いてください。

〈時間〉 各20秒

〈解答〉 ①○：３　②○：１　③○：１　④○：２　⑤○：３

［2020年度出題］

学習のポイント

数量の問題です。どちらがいくつ多いという単純な問題ですから、時間内に正確に答えるようにしてください。指折り数えていては間に合いません。それぞれの集合（かたまり）に印を交互につけていくというテクニック（？）もありますが、それを覚えたところで筆記用具の使い方ぐらいしか上達しないので、あまり意味はないでしょう。将来の学習につながるように「（10ぐらいまでの数のものは）ひと目でいくつあるかがわかる」という能力を身に付けることを目指してください。慣れてくるとひと目で「どちらが多い・少ない」ということもわかるようにもなってきます。その段階まで学習が進んだなら、印をつけたり、（○などで）数える対象を囲むといったテクニックを堂々と使ってください。答えを確かめるためにつかうのなら、効率のよい方法の１つだからです。

【おすすめ問題集】

Ｊｒ・ウォッチャー14「数える」、38「たし算・ひき算1」、
39「たし算・ひき算2」、40「数を分ける」、43「数のやりとり」

問題17　分野：個別テスト（図形）

〈準備〉　クーピーペン（青）

〈問題〉　（問題17の絵を渡して）
ネコが縦か横に３匹並んでいるところを見つけて線で囲んでください。

〈時間〉　２分

〈解答〉　下図参照

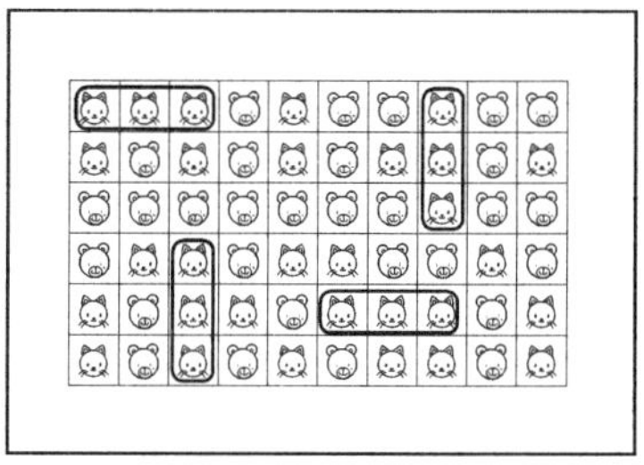

［2020年度出題］

学習のポイント

見かけは複雑そうに見えますが、内容は基礎的な同図形探しです。しかし、これだけの数になると図形１つひとつを判別する時間は長くできないので、ひと目で同じもの、違うものと判断しなくては答えられないでしょう。ほとんど反射的に答える必要があるわけです。イヌ・ネコの全体ではなく、部分（部品）で比較してみましょう。耳でも目でも構いませんが効率はよいはずです。また、縦に３つでも、横に３つでもよいということになっているので、縦から見る、横から見ると自分なりに段取りを決めてから探す必要もあります。この問題の観点は図形を比較する能力というよりも、効率よく答えを探すための方法を工夫することかもしれません。当校入試の対策として学習するなら、解答時間も少しは意識する必要があるということです。

【おすすめ問題集】
Ｊｒ・ウォッチャー２「座標」、47「座標の移動」

家庭学習のコツ①　「先輩ママのアドバイス」を読みましょう！

本書冒頭の「先輩ママのアドバイス」には、実際に試験を経験された方の貴重なお話が掲載されています。対策学習への取り組み方だけでなく、試験場の雰囲気や会場での過ごし方、お子さまの健康管理、家庭学習の方法など、さまざまなことがらについてのアドバイスもあります。先輩ママの体験談、アドバイスに学び、ステップアップを図りましょう！

問題18　分野：個別テスト（常識）

〈準　備〉　おはじき（４個）、パトカーのサイレン、包丁で食材を切る音、セミの鳴き声が入った音源、音源再生装置

〈問　題〉　**この問題の絵は縦に使用してください。**

（問題18の絵を渡して、音源をパトカーのサイレン、包丁で食材を切る音、セミの鳴き声の順に15秒ずつ再生し、その20秒で解答。３回繰り返す）

①②③これから流す音をよく聞いて、その音を出しているものにおはじきを置いてください。

④下から２番目の段を見てください。お家に帰ってすることを、その順番通りに絵を指しながらお話してください。

⑤１番下の段を見てください。お家に来たお客さまにケーキと飲みものを出します。どのように出しますか。正しいと思う絵の上におはじきを置いてください。

〈時　間〉　①②③各20秒　④１分　⑤30秒

〈解　答〉　①②③④省略、⑤真ん中

［2020年度出題］

学習のポイント

常識分野の個別テストです。①～③は生活で耳にする音について、④⑤は生活常識を聞いています。いずれも、知識というよりその経験・体験の有無を観点にした問題です。つまり、わからなかったり、間違えた場合はその知識を補っておけばよいという問題ではないと言えます。反省すべきなのは生活体験がなかったこと、保護者の方がその機会をお子さまに与えなかったことでしょう。安全の問題もあるので、何でもかんでもというわけには行かないでしょうが、そういう時にはＷＥＢや動画を通しての疑似体験でもよいので機会を設けてください。随分違ってくるはずです。なお、⑤の洋菓子と飲みもの配膳については諸説あり、一般的とされているものを参考にしてイラストを作成しています。

【おすすめ問題集】

Ｊｒ・ウォッチャー12「日常生活」、56「マナーとルール」

家庭学習のコツ②　「家庭学習ガイド」はママの味方！

問題演習を始める前に、試験の概要をまとめた「家庭学習ガイド（本書カラーページに掲載）」を読みましょう。「家庭学習ガイド」には、応募者数や試験科目の詳細のほか、学習を進める上で重要な情報が掲載されています。それらの情報で入試の傾向をつかみ、学習の方針を立ててから、対策学習を始めてください。

問題19　分野：個別テスト（記憶）

〈準　備〉　おはじき（４個）

〈問　題〉　**この問題の絵は縦に使用してください。**
（問題19－１の絵を渡す）
これは、海の中の絵です。よく見て覚えてください。
（20秒後に絵を伏せ、問題19－２の絵を渡す）
さっき見た絵とちがうところにおはじきを置いてください。

〈時　間〉　１分

〈解　答〉　下図参照

［2020年度出題］

学習のポイント

見る記憶の問題です。基本的には①全体を見て、何がいくつか描かれているかを覚える、②どこに描かれているのか、それぞれの位置をつかむ、③それぞれの細部（色、特徴など）に目を配る、という順番で観察してください。この手順を守っていると観察しながら情報を整理していることになるので、内容が自然に頭に入ってくるようになります。この問題は、最初に見せた絵と次に見せた絵の違いを答えるという問題なので、③まで覚えていないと答えられません。小学校受験としてはかなりの記憶力を要求されている問題なので、できなくても必要以上に気にすることはありません。慣れてくると、観察をしている最中に質問されそうな部分も、何となくわかるようになり、それにつれて要領もわかってきます。

【おすすめ問題集】
Ｊｒ・ウォッチャー20「見る記憶・聴く記憶」

問題20　分野：個別テスト（図形）

〈準 備〉　問題20－１の絵を切り抜いておく。

〈問 題〉　（問題20－１の絵を切り抜いたものと問題20－２の絵を渡して）
それぞれの四角の左上に描かれている形をもらった部品で作ってください。部品は折っても重ねても構いません。

〈時 間〉　各30秒

〈解 答〉　省略

［2020年度出題］

学習のポイント

パズルの問題です。それほど簡単ではありませんが、実際に切ったピースを使うのでそれほど苦労はしないと思います。個別テストは答えを出すプロセスも観察されるので、要領よく行った方がよいでしょうが、少々の試行錯誤で評価が変わるとも思えません。正面から取り組んでください。参考までに言うと、こうしたパズルは端のピースから埋めていった方が早く完成します。両端を埋めれば、残った部分の形がわかるからです。なお、④は少しひねってあります。もらったピースをそのまま使ってもパズルは完成しないので、円を折って正方形を作るという作業が必要です。「折っても重ねても構いません」と言っているのですぐに気が付くでしょうが、作業に熱中してしまうと問題文自体を忘れてしまうかもしれません。繰り返しになりますが、問題文や指示はよく聞いて覚えておかないと、当校の入試では困ることになるということです。

【おすすめ問題集】
Ｊｒ・ウォッチャー３「パズル」

家庭学習のコツ③　効果的な学習方法～問題集を通読する

過去問題集を始めるにあたり、いきなり問題に取り組んではいませんか？　それでは本書を有効活用しているとは言えません。まず、保護者の方が、すべてを一通り読み、当校の傾向、ポイント、問題のアドバイスを頭に入れてください。そうすることにより、保護者の方の指導力がアップします。また、日常生活のさまざまなことから、保護者の方自身が「作問」することができるようになっていきます。

問題21　分野：自由遊び

〈準　備〉　ゴザ（４枚）、紙芝居、椅子（５脚）、あやとりひも、ままごとの道具（適宜）

〈問　題〉　**この問題の絵はありません。**
（この課題は、６～７名程度のグループでおこなう。各コーナーにゴザが敷いてある）

「紙芝居」…在校の上級生がお話を読んでくれる。座席の用意がある。
「折り紙」…テーブルと折り紙が用意されている。
「あやとり」…ひもが複数用意されている。
「おままごと」…用意された道具で、自由におままごとをする。

靴を脱いで、ゴザに上がり、お友だちと仲良く遊んでください。終わりの合図があったら、遊びをやめてください。

〈時　間〉　20分程度

〈解　答〉　省略

［2020年度出題］

学習のポイント

昨年までの行動観察では、絵を描くなどの集団制作が行われていましたが、本年度は自由遊びが行われました。自由遊びで最低限守らなければならないのは、トラブルを起こさないことですが、当校を志望するお子さまなら、ほかのお子さまとのやりとりにも注意できるだけの落ち着きと配慮を持ちたいものです。だからといって、子どもらしくない譲り合いや遠慮の姿勢を見せることを求めているわけではありません。大切なのは仲良く遊べるかどうか、つまり入学してから問題なく過ごせるのではないか、という印象を与えることです。お子さまが人見知りする性格ならなおさらのこと、「いっしょに遊ぼうよ」とひと言、自分から声をかけさせるようにしてください。

【おすすめ問題集】
新口頭試問・個別テスト問題集、Ｊｒ・ウォッチャー29「行動観察」

家庭学習のコツ④　効果的な学習方法～お子さまの今の実力を知る

１年分の問題を解き終えた後、「家庭学習ガイド」に掲載されているレーダーチャートを参考に、目標への到達度をはかってみましょう。また、あわせてお子さまの得意・不得意の見きわめも行ってください。苦手な分野の対策にあたっては、お子さまに無理をさせず、理解度に合わせて学習するとよいでしょう。

問題22　分野：面接

話す　聞く

〈準 備〉　なし

〈問 題〉　**この問題の絵はありません。**

【志願者へ】
・あなたの名前と幼稚園の名前を教えてください。
・幼稚園の先生の名前と、お友だちの名前を教えてください。
・幼稚園ではどんな遊びをしますか。その遊びの楽しいところを教えてください。
・この学校に来たことはありますか。
・その時のことで、覚えていることはありますか。
・お家では、どんなテレビ番組をみていますか。
・でんぐり返しはできますか。
・大きくなったらなりたいものや、やりたいことはありますか。
・何かお手伝いをしていますか。それはどんなお手伝いですか。

【父親へ】
・面接カードの内容はお父さまが考えられたのですか。
・お子さまの受け答えした内容について、どのくらい知っていましたか。
・志望理由をお聞かせください。
・学校に来られたことはありますか。
・ふだんお休みの日には何をしていますか。
・お子さまと何をして遊びますか。
・お子さまが将来どんな人になって欲しいですか。
・ふだん子育てにどのように関わっていますか。
・キリスト教、宗教教育についてどのようにお考えですか。

【母親へ】
・お子さまが幼稚園でケンカをした時、どのように対応しますか。
・躾について、学校にどのようなことを求めますか。
・躾について、ご家庭ではどのようにしていますか。
・子育てで大変だったことは何ですか。
・お子さまが最近１人でできるようになったことはありますか。
・お子さまの直した方が良いと思うところはありますか。
・お子さまに将来どんな女性になって欲しいですか。
・幼稚園ではどんなお子さんだと先生から伺っていますか。
・学校見学にはいらっしゃいましたか。その時のお子さまの様子はどんなでしたか。
・子育てで悩んだりしたとき相談する相手はいますか。

〈時 間〉　15分程度

〈解 答〉　省略

［2020年度出題］

学習のポイント

状況としてはお子さまを真ん中に挟んで両親の３人が座り、面接官が３人が対面しているという形です。この状況ではどうしてもお子さまは緊張してまうものですが、お子さまへの質問内容はごく一般的なものです。ふだんどおりに話して問題ありません。ただし、質問にお子さまが答えるとそれに対して、「どんな遊びをしますか」「おままごとです」「あなたはどんな役ですか」「お母さんです」「その役はどうやって決めるのですか」といった形で「答えに対する質問」が続くことがあるので注意してください。これは答える内容ではなく、会話ができるかという観点で行われるものですから、お子さまには相手の言ったことをよく理解して、それに沿った答えるように前もって言っておきましょう。それさえできれば、悪い印象を持たれないはずです。伝統のある当校の学校の面接では、かなり厳しいことを聞かれるのではないかと思われるかもしれませんが、内容的にはほかの私立小学校と大きな違いはありません。妙な意識を持ったり、言葉遣いをするとかえってよくない印象を持たれるので、保護者の方もふだんどおりに振る舞うことをおすすめします。

【おすすめ問題集】

面接テスト問題集、面接最強マニュアル、新 小学校受験の入試面接Ｑ＆Ａ

問題23　分野：図形（鏡図形）

〈準 備〉　クーピーペン（青）

〈問 題〉　点と点をつないだ形が、透明な紙に描かれています。この形を真ん中の太い線のところで折って重ねると、どのような形になりますか。その形を右側に描いてください。

〈時 間〉　1分

〈解 答〉　下図参照

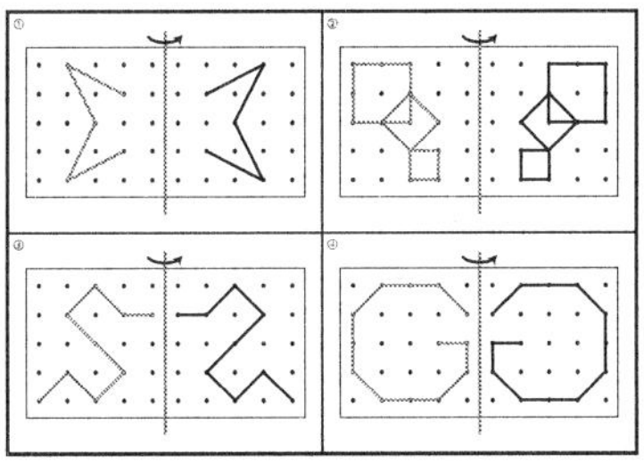

［2019年度出題］

学習のポイント

当校の図形分野の問題は、対称、回転、展開、構成など、さまざまな形式で例年出題されています。難しい問題も出題されるので、幅広く練習問題に触れ、図形認識力や思考力を伸ばしておくとよいでしょう。本問のように、点線図形と鏡図形を組み合わせた問題では、始点とペンを進める点を1画ずつ確認しながら進めます。それは、点の左右を間違えないようにするためと、きれいに正確な線を引くためです。また、線を引く時は、線1本ごとに手が動かしやすい方向を選ぶとよいでしょう。右下から左上のように、右利きのお子さまには難しい方向に線を引くことも減り、きれいに仕上がります。このような方法が身に付くと、線を引く先を考えながら手を動かすというような同時処理をしなくなり、結果、正確さや速さも身に付いてきます。

【おすすめ問題集】

Ｊｒ・ウォッチャー1「点・線図形」、8「対称」、48「鏡図形」

問題24　分野：推理（ブラックボックス）

〈準 備〉　クーピーペン（青）

〈問 題〉　上の段を見てください。箱に黒い玉を入れると、玉の数が変わって出てきます。イチゴの箱に入れると2個増えます。バナナの箱に入れると1個減ります。ブドウの箱に入れると2個減ります。では、下の段のように黒い玉を箱に順番に入れると、最後に黒い玉はいくつになりますか。その数だけ右側の四角の中に○を描いてください。

〈時 間〉　1分

〈解 答〉　①○：3　②○：7　③○：7

［2019年度出題］

学習のポイント

思考力、観察力を観る推理分野の問題は、当校で例年出題されていますが、なかでもブラックボックスの問題は、出題頻度が高いものの１つと言えます。箱を通った時の変化のお約束は、あらかじめ説明されているので、数の増減を正確に把握できるかどうかが正解するためのポイントになります。箱がいくつも並んでいるため、途中の数が目に見えないのも、本問の難しいところです。試験の場で指を折ったり、声をだして数えたりしないように、頭の中で数を増減できる練習をしておくとよいでしょう。10までの数に対して、例えば「５個に２個増やすと７個、７個から２個減らすと５個」のように、±２程度の数を素早く口に出して練習します。この例では、同じ数を使ったひき算もセットにしていますが、お子さまの理解度に合わせて、たし算だけ、ひき算だけと分けて練習する方法もあります。

【おすすめ問題集】

Ｊｒ・ウォッチャー31「推理思考」、32「ブラックボックス」

問題25　分野：推理（水量変化）

〈準備〉　クーピーペン（青）

〈問題〉　①上の段を見てください。５個のコップに大きさの違う玉を入れてから、水を同じ高さまで入れました。コップの中の玉を取った時、残った水が１番多いコップに○をつけてください。また、残った水が１番少ないコップに×をつけてください。

②下の段を見てください。水が入ったコップに、大きい玉と小さい玉をいくつか入れます。大きい玉を入れると、水が１目盛分増えます。大きい玉１個と小さい玉２個は同じ大きさです。絵のようにそれぞれのコップに玉を入れた時、水があふれるコップはどれですか。選んで○をつけてくだい。

〈時間〉　各30秒

〈解答〉　①○：左から２番目　×：右から２番目　②真ん中

［2019年度出題］

学習のポイント

玉の入ったコップから玉を取り出すと、コップの水面は下がります。また、水の入ったコップに玉を入れると、コップの水面は上がります。玉の体積が大きいほど、水面の変化が大きくなります。このことを踏まえて、①では１番大きい玉が入っているコップと、１番小さい玉が入っているコップを探します。②の場合、大きい玉を１つ入れると水面が１目盛増えることと、大きい玉１個と小さい玉２個が同じ大きさになるということから、小さい玉２個で水面は１目盛増えることになります。大きい玉をすべて小さい玉２個に置き換えると比べやすくなるでしょう。このような考え方がわかれば、あとは水量の変化をていねいに追っていくだけです。思考力が問われる問題では、説明をよく聞いて、絵をよく見て、よく考えてから問題に取り組みましょう。

【おすすめ問題集】

Ｊｒ・ウォッチャー31「推理思考」

問題26　分野：言語（言葉の音）

〈準備〉　クーピーペン（青）

〈問題〉　１番左の列の絵を見てください。上に書かれている絵は「けいと」です。「けいと」は「け」「い」「と」と３つの音でできているので、絵の下の四角に○を３つ書きます。この時、「と」の音が入るところには、◎を書きます。それでは、残りの列の絵を、同じようにすすめてください。

〈時間〉　１分

〈解答〉　下図参照

	① 	② 	③ 	④ 
○	◎	◎	○	○
○	○	○	○	○
◎	○	◎	◎	◎
	○		○	○
			○	○
			○	

［2019年度出題］

学習のポイント

当校の言語分野の問題では、以前は言葉の意味を問うものが多かったのですが、近年は言葉の音が扱われるようになってきています。本問では言葉の音を数え、「と」の音に「◎」をつけるという作業をします。それほど難しいものではないので、ルールを理解して、確実に解けるようにしてください。②で「◎」を２つ記入するところや、③のテントウムシのように６音の言葉が扱われているところが、間違えやすいところかもしれません。なお、②③④の３問は、ともに３音目に「◎」をつけるという答えになりますが、このように答えが揃ってしまっても、気にすることはありません。１問ずつ見直しをして、自信をもって問題に取り組ませてください。

【おすすめ問題集】

Ｊｒ・ウォッチャー17「言葉の音遊び」、60「言葉の音（おん）」

問題27　分野：お話の記憶

〈準備〉　クーピーペン（青）

〈問題〉　次のお話を聞いて、後の質問に答えてください。
今日は、さゆりさんとお母さん、弟の太郎くんの３人で、おじいさんとおばあさんのところに遊びに行きます。さゆりさんは、お気に入りの白いワンピースを着て、大きなリボンを頭に付けています。弟の太郎くんは、縞模様のＴシャツに麦ワラ帽子をかぶりました。
おじいさんとおばあさんのところへは、電車に乗って行きます。電車の中でさゆりさんたちは、トランプをしたり、しりとりをしたりしました。途中で少しお腹がすいたので、お菓子を食べました。お菓子を食べてしばらくすると駅に付きました。駅からおじいさんの家までは、バスに乗っていきました。
おじいさんとおばあさんのお家は、とても大きくて、お部屋がいくつもあります。さゆりさんたちは、大きな木が見える１番奥のお部屋に荷物を置きました。今日はその部屋に泊まります。お部屋で着替えをした後、おじいさんといっしょに、山に虫捕りに行きました。おじいさんはカブトムシを２匹捕まえました。さゆりさんはクワガタを１匹、太郎くんはクワガタを１匹とカブトムシを２匹捕りました。そのあと、川へ行って魚釣りをしましたが、魚はあまり釣れなかったので、お家に戻ってスイカ割りをしました。
晩ごはんを食べ終わったころにお父さんが来たので、みんなで花火をしました。さゆりさんと太郎くんは、今日のことをお父さんにお話しました。

①１番上の段を見てください。さゆりさんと太郎くんは、今日どんな格好をしていましたか。正しいものを選んで○をつけてください。
②上から２段目を見てください。これはおじいさんのお家の中の絵です。さゆりさんたちが泊った部屋はどれですか。○をつけてください。
③上から３段目を見てください。さゆりさんたちは、カブトムシとクワガタをそれぞれ何匹ずつ捕まえましたか。その数だけ○を書いてください。
④１番下の段を見てください。さゆりさんたちは、おじいさんの家で何をして遊びましたか。１番目に遊んだものに○を、２番目に遊んだものに△を、最後に遊んだものに×をつけてください。

〈時間〉　各15秒

〈解答〉　①左から２番目　②右端　③カブトムシ○：４　クワガタ○：２
④○：右から２番目　△：左から２番目　×：左端

［2019年度出題］

学習のポイント

当校のお話の記憶の問題では、例年500～600字程度のお話が読まれます。設問は４～６問程度、お話の流れに沿った質問と、登場人物の服装や持ち物など細かい部分からの質問が中心となっています。１～２回場面転換がありますが、お話の内容は覚えやすいでしょう。それぞれの場面で「誰が、（何を）どうした」をつかめるように聞き取ってください。本問のポイントは細かい部分の聞き取りです。お話の中で、登場人物、服装、持ち物、食べたもの、またはその数が聞かれたりします。実際に聞き取る過程で、これらの情報を正確に覚えることは、とても難しいことです。例えば「お話に出てきたのは６人で、さゆりさんとお母さん、弟、お父さん、おじいさん、おばあさん」「さゆりさんの格好は、白いワンピースと大きなリボン」などのように、数字と人を関連させて覚えたり、「さゆりさんは、白いワンピースを着ている」といった１つの文にして覚えるようにすると、質問をされた時に思い出しやすくなります。内容を１度に全部覚えようとせず、覚える項目を段階的に増やしていくとよいでしょう。

【おすすめ問題集】

１話５分の読み聞かせお話集①②、お話の記憶 初級編・中級編・上級編、
Ｊｒ・ウォッチャー19「お話の記憶」

問題28　分野：常識（理科・季節）

〈準備〉　クーピーペン（青）、童謡「どんぐりころころ」「チューリップ」の録音された音源、再生装置

〈問題〉　①上の段を見てください。ここにあるもののなかで、水に入れると沈むものはどれですか。選んですべてに○をつけてください。
②（「どんぐりころころ」を再生する）
下の段を見てください。この歌の季節と同じ季節のものの絵に、○をつけてください。
（「チューリップ」を再生する）
この歌と季節と同じ季節のものの絵に、△をつけてください。

〈時間〉　①15秒　②各10秒

〈解答〉　下図参照

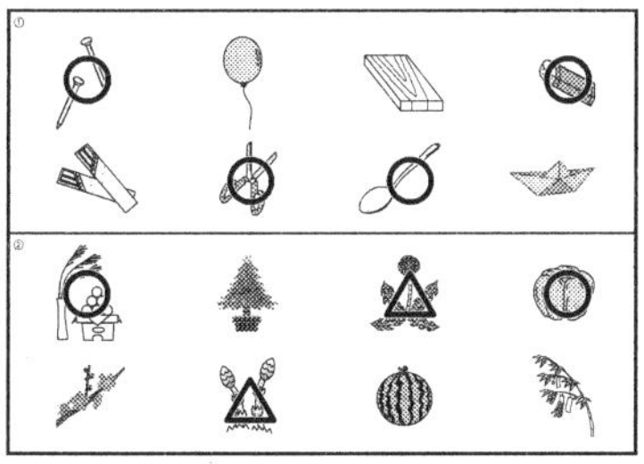

［2019年度出題］

学習のポイント

さまざまな知識を問う常識分野の問題では、日頃から周囲のものに興味を持ったり、本などを通して学べているかが観られています。当校では、日用品やよく知られている動植物などが扱われていますが、それぞれのものに共通する特徴を見つけたり、性質ごとに分類したりすることがあります。記憶する時は、名前とあわせて、色、使い方、特徴なども整理して覚えておくとよいでしょう。①では、水に沈むものを答えます。木・紙・空気の入ったものなどは水に浮き、鉄は水に沈むことは比較的よく知られていますが、本問で判断が難しいのは消しゴムでしょう。消しゴムは水に沈みますが、お子さまがわかっていなかった時は、実験をしてから理解させるのもよいでしょう。②では、歌と同じ季節を答えます。歌の中で描かれている季節というよりは、「ドングリ＝秋」「チューリップ＝春」として考えてください。選択肢にあるものの中には、近年すべての季節で見ることができるものもありますが、それぞれのものが盛んな季節、１番おいしい季節を覚えさせるようにしてください。

【おすすめ問題集】

Ｊｒ・ウォッチャー27「理科」、34「季節」、55「理科②」

問題29　分野：個別テスト（座標）

〈準 備〉　クーピーペン（青）、楽器（笛、太鼓、カスタネットなど３種類）

〈問 題〉　音に合わせて、ネコがマスを移動します。音のお約束を聞いてください。笛が「ピッ」と鳴ったら右に１マス動きます。太鼓が「ドン」と鳴ったら上に１マス動きます。カスタネットが「タン」と鳴ったら下に１つ動きます。それでははじめます。

①「ピッ、ドン、タン、ピッ」今、ネコがいるところに、○を書いてください。
②ネコはもとの場所に戻りました。もう１回やります。
「タン、タン、ピッ、ドン、タン」今、ネコがいるところに、△を書いてください。
③ネコはもとの場所に戻りました。もう１回やります。
「ドン、ピッ、タン、ピッ、タン、タン、ドン」今、ネコがいるところに、×を書いてください。

〈時 間〉　各10秒

〈解 答〉　下図参照

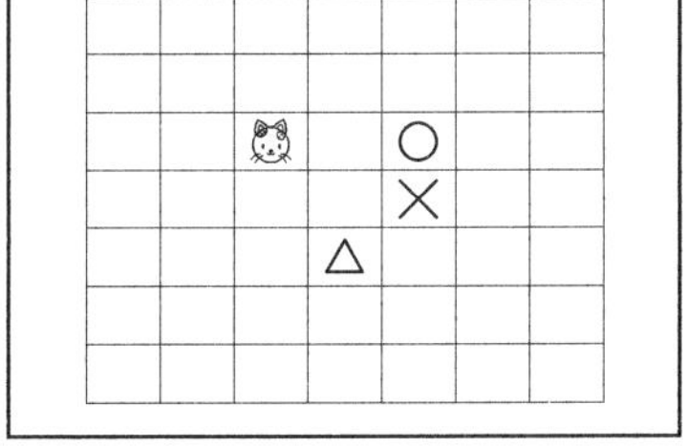

［2019年度出題］

学習のポイント

個別テストの問題です。実際の試験では、それぞれの音に合わせてネコの人形を動かして答えさせたようです。本問では、３種類の音を聞き分けて、それぞれの音に対応するお約束どおりにネコを動かします。音ごとのお約束を聞き分けて覚えられるかどうかがポイントになります。音を覚えるには、「ピッ＝右」のように、音と動作を１つずつ対応させる方法と、「ピッ・ドン・タン」で「右・上・下」のように、順番ごとに覚える方法があります。このような問題では、しっかりと区別して覚えることがポイントです。音が指示する方向を全部覚えようとして、すべてを曖昧に覚えてしまうと、かえって混乱してしまいます。３種類程度ならば、確実にわかるものが１つあれば、残りを覚えきれていなくても、ほかのものに見当が付けられるのでなんとかなるものです。

【おすすめ問題集】
Ｊｒ・ウォッチャー２「座標」、47「座標の移動」

問題30　分野：個別テスト（記憶）

〈準備〉　クーピーペン（青）

〈問題〉　（問題30－１の絵を渡す）
これは、動物たちが歌を歌っている絵です。よく見て覚えてください。
（20秒後に絵を伏せ、問題30－２の絵を渡す）
さっき見た絵と同じになるように絵を選びます。四角に書かれた記号を、あてはまる絵にそれぞれ書いてください。

〈時間〉　１分

〈解答〉　下図参照

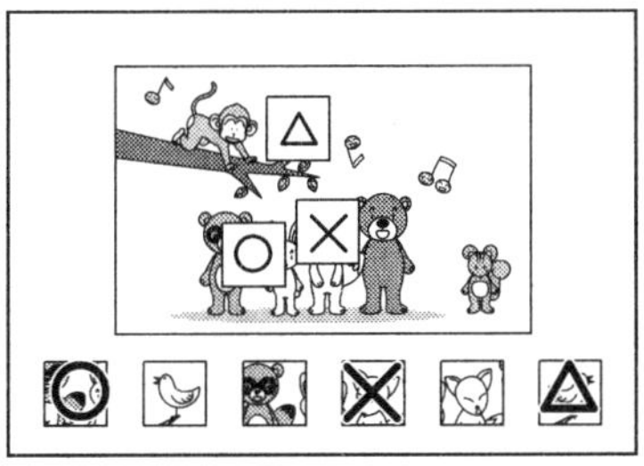

［2019年度出題］

学習のポイント

絵を記憶する問題は、当校では過去にも出題されています。本問では、絵の記憶と欠所補完の組み合わせになっています。絵の記憶の問題では、質問によって覚えるポイントが変わってきますが、そのポイントは絵を覚えている時点ではわかりません。どんな問題にも対応できるような覚え方を身に付けることが大切です。基本的な覚え方としては、①全体を見て、何が描かれているのか、テーマや描かれているものをつかむ、②どこに何が描かれているのか、それぞれの位置をつかむ、③ポーズ、表情、向き、色、持ち物など、絵の細かいところに目を配る、という順番がよいでしょう。慣れてくると特徴的なところに自然と注目できるようになります。覚えた絵についてお子さまに質問をする時も、この順番で聞くようにしてください。そうすると、お子さまも全体を見てから細かい部分へ自然に目を向けられるようになってきます。

【おすすめ問題集】

Ｊｒ・ウォッチャー20「見る記憶・聴く記憶」

問題31　分野：個別テスト（想像・常識）

〈準備〉　なし

〈問題〉　（問題31の絵を渡す）
①左の絵を見てください。トンネルが２つあります。左側の黒いトンネルをくぐると背が高くなります。右側の白いトンネルをくぐると背が小さくなります。どちらのトンネルをくぐりたいですか。答えてください。また、なぜそう思ったのですか。お話してください。
②右の絵を見てください。あなたは周りにいる女の子の１人です。今、あなたはどんな気持ちですか。お話してください。

〈時間〉　各１分

〈解答〉　省略

［2019年度出題］

学習のポイント

当校の個別テストでは、本問のように絵を見て自分の考えを話す問題が出題されます。①では、指示に対して思ったこと、考えたこと、想像したことを発表します。その後、選んだ答えについての理由を答えることになります。こういった問題では、指示の理解、論理的思考、話す力が観られています。試験の場では、理由を相手にわかるように言えれば充分ですが、もし、そこにもう一言加えて話せれば、より高い評価が得られるかもしれません。例えば「私は白いトンネルをくぐりたいです。それは、小さくなってふだんできないことをしてみたいからです。もし、私が小さくなったら、家で飼っているネコの背中に乗せてもらいたいです」という感じです。②は状況を理解して、どのような言葉をかけるかという問題です。この問題もこれと言った正解はありません。「いっしょに遊びたくなった」でも「おもちゃを独り占めにしてはいけないと思った」でも構いません。状況を理解して、それに合った言葉が言えればそれでよいでしょう。

【おすすめ問題集】
Ｊｒ・ウォッチャー56「マナーとルール」、新口頭試問・個別テスト問題集

問題32　分野：個別テスト（巧緻性）

〈準備〉　ハサミ

〈問題〉　紙の左端から順に、線の上を丸のところまでハサミで切ってください。

〈時間〉　１分

〈解答〉　省略

［2019年度出題］

学習のポイント

ハサミで紙を切る課題ですが、課題そのものは難しくありません。指示通り「左から順に」「丸のところまで」切ることができるかどうかが観られています。「できる。こんなの簡単」という思い込みから、指示以上に効率よく進めたりすることのないように、指示を守った行動を心がけましょう。個別テストでは、お子さまが指示通りに行動できているかどうかを、逐一チェックすることができます。また、課題が簡単である程、手先の器用さよりも、行動全体が観られていると考えた方がよいでしょう。試験の場にふさわしい行動できるように、あえて簡単な問題をいくつも用意して、「指示通りに実行すること」を身に付ける練習に取り組んでください。

【おすすめ問題集】
Ｊｒ・ウォッチャー23「切る・貼る・塗る」

問題33　分野：行動観察（集団制作）

〈準備〉　クーピーペン（12色）

〈問題〉　**この問題の絵はありません。**
みんなで動物園の絵を描きましょう。絵を描く前に、誰が何を描くのか相談して決めてください。それでは始めてください。

〈時間〉　10分程度

〈解答〉　省略

［2019年度出題］

学習のポイント

例年出題されている、集団制作の課題です。本年はみんなで絵を描く課題ですが、観点は絵の良し悪しではなく、積極的に参加できること、自分の意見を言うこと、人の意見を聞くこと、お互いに協力することなどで、お子さまのコミュニケーション力が主に観られています。コミュニケーションの取り方は、その場に集まった人によって変化します。試験の場で作られたグループでは、ものごとを上手に進められる子が集まることもあれば、逆にそうでないこともあります。この様な場合は、「リーダーをしっかりフォローする」という立ち位置を取るとよいでしょう。例えば、グループの中にリーダーシップを取れる子がいたならば、その子がみんなをリードしやすいようにサポートします。これは、それほど難しいことではありません。リーダーが「決めよう」と言ったら、まごまごせずに希望や意見を言い、お互いの意見がまとまらないようならば、「リーダーの考えでやろう」と言えばよいだけです。また、リーダータイプの子がいない時は、率先して「決めよう」と言えばよいのです。大切なことは、そのグループが円滑に課題を進められることです。しかし、そのような状況に合わせた柔軟な判断をお子さまに要求することは難しいので、「～な時は、～と言おう」という形で、行動パターンをいくつか理解させておくのがよいでしょう。

【おすすめ問題集】
　Ｊｒ・ウォッチャー22「想像画」、29「行動観察」

問題34　分野：常識（理科）

〈準備〉　クーピーペン（青）

〈問題〉　（問題34の絵を渡す）
①足の数が５本より多いものに○をつけてください。
②卵から産まれるものに△をつけてください。
③足がないものに×をつけてください。

〈時間〉　30秒

〈解答〉　○：クモ、タコ、イカ、チョウ　△：クモ、タコ、イカ、カエル、チョウ
×：イルカ、クジラ

［2018年度出題］

学習のポイント

理科的な知識を問う問題です。この分野の問題としては、かなり難しい内容になっています。ですから、当校に入学を希望するお子さまなら、類題を通して当校の出題の仕方にあわせた準備は必要と言えます。理想を言えば、自然豊かな環境で実際に生きものを観察し、理科的知識を身に付けて、こういった問題の対策としたいものですが、都市部では環境的に難しいかもしれません。しかし、小学校受験では理科的常識を問う問題が増えていますから、「身の回りにはいないが、出題されることのある動植物」については、名称と基本的な特徴を押さえておくべきでしょう。観察する機会を作るのが難しいようなら、どんなメディアを通してでもかまいません。写真や動画でそのものの姿を確認して、試験に役立つ知識を増やしていきましょう。

【おすすめ問題集】

Ｊｒ・ウォッチャー27「理科」、55「理科②」

問題35　分野：図形（図形の分割）

〈準 備〉　クーピーペン（青）

〈問 題〉　左側に書いてある形を半分にしている線はどれでしょうか。選んだ線の下にある四角に○を書いてください。次に真ん中、右側にある形も同じように答えてください。

〈時 間〉　１分

〈解 答〉　下図参照

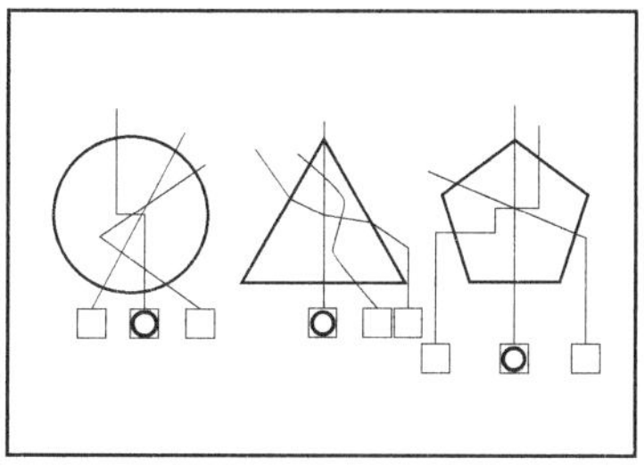

［2018年度出題］

学習のポイント

「形を半分にしている線を選ぶ」ということは、「分けた形が同じ形になる」ということと同じ意味です。もちろん、これは小学校受験の段階に限ってのことですが、区切ってある線で同図形、あるいは対称な図形になっている線を探せば、この問題の場合は、正解にたどりつきます。また、その点から言えば、この問題は「同図形さがし」や「図形の回転・展開」の要素も含んでいるということにもなりますが、これは指導する側が理解しておけばよいことで、お子さまは「同じ形なら大きさも同じになる」という程度の理解ができれば十分でしょう。一度経験しておけば、同じような問題には答えられるでしょうから、「図形の面積」などと言い出す必要はありません。ただし、図形の性質や特徴はある程度理解しておかないと、そもそも何を聞かれているかもわかないということになりかねませんから、タングラムなどの図形を扱ったパズルで基本的なことは理解しておきましょう。

【おすすめ問題集】

Ｊｒ・ウォッチャー45「図形分割」、54「図形の構成」

問題36　分野：図形（回転図形）

〈準 備〉　サインペン（青）

〈問 題〉　左端の形を矢印の向きに矢印の数だけ回転させると、どのようになるでしょう。正しいものを選んで、○をつけてください。

〈時 間〉　各30秒

〈解 答〉　①左端　②右端　③右から２番目

［2018年度出題］

学習のポイント

図形の回転の問題です。小学校入試の回転図形では、「右へ１回まわす」とは、図形の右の辺が底辺になるように回すという意味です。四角形ならば右へ90度、三角形ならば右へ120度回転させることになります（図形の外に四角形の枠がついている場合は、四角形扱いになります）。お子さまには図を見せながら、同じ形の積み木を「右へカタンと１回音がするように積み木を回す」というふうに説明してみてください（それでもイメージしにくいようなら実物を使うという手もあります）。とにかく、この前提をしっかり理解してから問題に取り組まないと、解答を覚えるだけの学習になってしまい、意味があまりありません。入試に臨む段階では、図形が回転した、あるいは２つの図形が重なった結果をイメージできるところにまで進むことが必要です。この問題でも用紙を実際に回す、印を付けるといったハウツーはあるのですが、それを覚えて図形の基本的な性質を学ばないというのでは先につながる学習になりません。

【おすすめ問題集】

Ｊｒ・ウォッチャー46「回転図形」

問題37　分野：記憶（お話の記憶）

〈準　備〉　クーピーペン（青）

〈問　題〉　これからお話をしますから、よく聞いて後の質問に答えてください。

ゆうこさん、弟のあきらくん、お父さん、おかあさんは、おばあちゃんと電車に乗って海に行きました。空は晴れていて雲１つありません。浜辺に着くとお父さんとお母さんは３本のパラソルを立てました。おばあさんは、ヒマワリのマークがついたパラソルの下に座りました。その右側にある、しま模様のパラソルの下には、おとうさんとあきらくんが座りました。左側にある星マークのパラソルの下には、おかあさんとゆうこさんが座りました。みんな水着に着替えた後、ゆうこさんは、あきらくんのために浮き輪を膨らませることになりました。ゆうこさんは簡単にできると思っていましたが、やってみると大変で、ゆうこさんは「フーフー」と言いながら、汗をいっぱいかいてしまいました。ゆうこさんはその後、体操をしてから、お父さんとあきらくんといっしょに海に泳ぎに行きました。ゆうこさんは泳ぎが得意なので、海に着いた時から早く泳ぎたかったのです。海に顔をつけると、そこにサカナが４匹とカニが１匹いるのが見えました。しばらく泳いだ後、浜辺に上がっておばあさんの座っているパラソルの前に、あきらくんと一緒に砂で山を作りました。山の高さがあきらくんの身長ぐらいになった時、急に空が暗くなり、カミナリが光って雨が降ってきました。２人はすぐにおばあさんの座っているパラソルの下に行きました。雨が強くなり、砂で作った山はすぐに崩れてしまいましたが、すぐに雨はやんで、明るくなってきました。その後、「おねえちゃんあれは何？」とあきらくんが聞くので、あきらくんが指をさした方を見ると、雲の間に虹がかかっていました。

（問題37-１の絵を渡す）

①ゆうこさんが得意だと思っていることに○をつけてください。ゆうこさんが汗をかいて「フーフー」言ったことに△をつけてください。

②このお話には何人の人が出てきましたか。その数だけ「☆」のマークがついている四角に○を書いてください。

③ゆうこさんが海の中を見た時、生きものは何匹いましたか。その数だけ「♡」のマークがついている四角に○を書いてください。

（問題37-２の絵を渡す）

④このお話の季節はいつですか。同じ季節の絵に○をつけてください。

⑤おばあさんの座っていたパラソルの隣にあったパラソルに○を、おばあさんが最初に入ったパラソルに△をつけてください。

⑥海についてから天気はどのように変わりましたか。最初の天気に○を、最後の天気に△をつけてください。

〈時　間〉　各40秒

〈解　答〉　①○：左端　△：右から２番目　②○：５　③○：５

④○：左端（アサガオ）、真ん中（七夕）　⑤○：左端と真ん中　△：右端

⑥○：左端　△：右端

［2018年度出題］

学習のポイント

ここ数年の傾向ですが、当校のお話の記憶の問題では、お話で起こった出来事だけではなく、お話に登場したものの数、お話の季節などについても質問されます。お話自体はそれほど長いものではないので、ストーリーは自然と頭に入ると思います。しかし、聞き終わってみると、大人でもこうした細部についてはあやふやになるものですから、お子さまならなおさらそうでしょう。出題の材料としては前述の通り、お話に登場したものの「数」「理科的な常識」「季節」「生活常識」といったところですから、対策としてはこれらのことをストーリーを把握するのとは「別に」記憶しておくしかありません。言い換えれば、こうしたものがお話に登場したら注意するというだけのことですが、慣れるまでは問題の絵を先に渡して、「○」「×」といった記号を使ったメモを書いてもかまいません。お話に登場したら、すぐに反応できるようになることを目標に練習をしてください。

【おすすめ問題集】

1話5分の読み聞かせお話集①・②、1話7分の読み聞かせお話集 入試実践編①
お話の記憶 初級編・中級編・上級編、Jr・ウォッチャー19「お話の記憶」

問題38 分野：個別テスト（常識）

〈準備〉 おはじき（4枚）

〈問題〉 （問題38の絵を渡す）
今から言うことに当てはまると思うものの絵を選んで、その絵の上におはじきを置いてください。
①卵から生まれる生きものを選んでください。
②卵から生まれない生きものを選んでください。
③手紙を送る時に、手紙を入れるものはどれですか。
④料理をする時に使う道具はどれですか。

〈時間〉 各15秒

〈解答〉 ①カエル、クモ、フラミンゴ　②クジラ、イルカ、コウモリ、ウサギ
③ポスト　④鍋

［2018年度出題］

学習のポイント

個別テストで出題された常識分野の問題です。まずは、答えは１つに限らないということに気付いたら（おはじきが数枚用意してあるので、それを見ただけで勘の良いお子さまなら気付くかもしれませんが）、上の段の向かって左の絵から、順序よく絵を１つひとつ見ながら、あてはまるものにおはじきを置いていきましょう。課題としてはそれほど難しいものではありませんから、ケアレスミスのないように問われたことをよく理解してから、確実に答えてください。なお、この問題が個別テストの形式をとっているのは、「口頭で指示されたことを理解できる」「確実に実行できる」という２点をチェックしたいからです。正解さえすればよいというものではなく、年齢相応の受け答えも当然評価の対象となっています。保護者の方はその点にも注意してお子さまを指導してください。

【おすすめ問題集】
新口頭試問・個別テスト問題集、
Ｊｒ・ウォッチャー11「いろいろな仲間」、27「理科」、34「季節」、
55「理科②」

問題39　分野：個別テスト（図形・パズル）

〈準 備〉　問題39－１の絵をあらかじめ枠線で切りわけ、「☆」のついている三角形のみ、問題39－２の絵の「☆」の位置に、破線の枠に沿って置いておく。

〈問 題〉　**この問題の絵は縦に使用してください。**
（問題39－１の絵を切りわけたものと問題39－２の絵を渡して）
パズルの問題です。太い線の枠にピッタリ合うように渡した形を置いてください。形を裏返してはいけません。

〈時 間〉　１分

〈解答例〉　下図参照　※違う並べ方でも正答なら○。

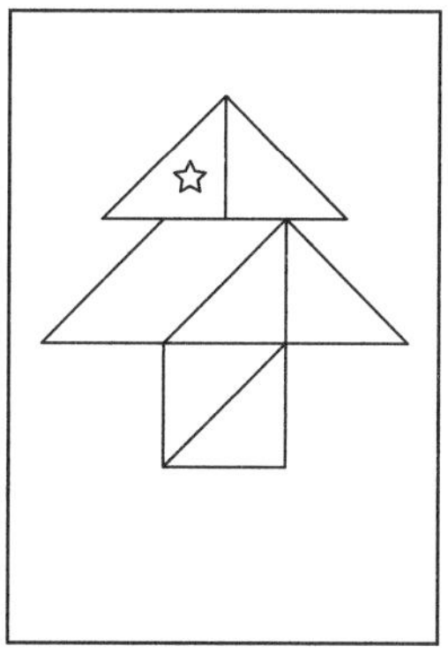

［2018年度出題］

学習のポイント

小学校受験では「図形の構成」と言っていますが、△や口を組み合わせて違う形を作るという課題があります。タングラム（数種の図形がピースとなっているパズル）はこの性質を利用した、図形について学ぶ教育玩具です。その利用がよく問題集などで推奨されているのは、図形の基本的な性質が、自分の手で形を動かしているうちに自然と理解できるからでしょう。「同じ直角２等辺三角形を組み合わせると正方形になる」と言葉で説明してもお子さまは理解できるはずもありませんが、パズルとして見せれば直感的に理解できます。つまり、これを繰り返すうちに図形の性質が自然とわかり、さらに体験を重ねれば、図形の操作（回転させる、組み合わせる、裏返すなど）を頭の中で行えるようになっていけるというわけです。この問題は、解答時間が短めになっていますから、図形の基本的な性質を理解していることが前提になっていると言えます。ピースを順不同で当てはめ、試行錯誤などしていると時間内で正解することはかなり難しいでしょう。

【おすすめ問題集】

Ｊｒ・ウォッチャー３「パズル」、54「図形の構成」

問題40　分野：個別テスト（行動観察）

〈準備〉　フラフープ、影絵を映すプロジェクター、スクリーン

〈問題〉　**この問題の絵はありません。**

（テスターから）今からここに映し出される絵の人と同じポーズを、フラフープの中でしてください。

※「飛行機のポーズ（片足を上げ、両手を平行に上げる）」「三角座り」「大の字なって寝転ぶ」といった人のポーズが影絵でスクリーンに映し出される（30秒程度の間隔で映し出される影絵のポーズが変更される）。

〈時間〉　適宜

〈解答〉　省略

［2018年度出題］

学習のポイント

指示したポーズをとるという点では、模倣体操と共通するものがありますが、何と言っても、「個別テストで」「影絵を見てまねる」ということが、この課題の特徴です。個別テストで行なわれるのは、前問と同じく、「指示を理解し、それにしたがい実行する」というコミュニケーション能力を観るためです。個別テストの全体のテーマとも言えることですから、正解・不正解と同じぐらいの重要さがあることをお子さまに伝えておいてください。次に「影絵をスクリーンに映して、それと同じポーズをとる」という点ですが、ペーパーテストとは違い、（重ね図形などの）図形分野の問題の要素がある、などと複雑に考えない方がよいでしょう。生活体験や、ふだん目にしたことのあるポーズからの連想して、その姿勢を取ってください。たとえ細部が違っていても思考の過程が理解してもらえれば、悪い評価はされないはずです。

【おすすめ問題集】

Ｊｒ・ウォッチャー28「運動」、29「行動観察」

問題41　分野：口頭試問（複合）

話す　観察

〈準備〉　画用紙、問題41－1のカードを枠線に沿って切り離しておく。

〈問題〉　※この問題は2人で行なう。
（問題41－1の絵を切り分けたもの、問題41－2の絵を渡して）
①カードを並べて、画用紙の上に、あなたの登りたい「タワー」を作ってください。
②そのタワーは何のタワーですか。1番上に昇った時、どんな景色が見えますか。教えてください。

〈時間〉　①1分　②2分

〈解答〉　省略

［2018年度出題］

学習のポイント

2人ずつ個別テストの会場に入り、いくつかの問題に答えるという形は例年通りですが、この問題はテスターと1対1で行われました。ここでは、「どんなタワーを作り、そのタワーの上からの景色を想像する」という「お話づくり」の課題で要求される資質だけではなく、それを伝えるという点にも注意して課題に取り組む必要があります。つまり、この問題もコミュニケーション能力を観る複合問題だということです。もちろん、コミュニケーション能力といっても、年齢相応のものがあれば十分で、なにか特別なことを要求されるわけではありません。「相手の意図・質問を理解する」「わかる内容・言葉で話す」という2つの点が守れていれば問題ないでしょう。なお、こうした制作と発表が組み合された課題は、個別テストが行なわれるようになってから、毎年行なわれています。「相手にわかるように話す」という点は、受験対策としては疎かになりがちですから、注意してください。

【おすすめ問題集】
新口頭試問・個別テスト問題集

問題42　分野：行動観察（集団制作）

〈準備〉　紙粘土・折り紙（赤・黄・緑・白・茶）・お弁当箱（15cm×20cm程度のもの）
※紙粘土と折り紙はあらかじめ準備しておく

〈問題〉　この問題の絵はありません。
※この問題は6人のグループで行なう。
①お友だちと相談をして、どのようなお弁当を作るのか、誰が何を作るのかを決めてください。
②相談が終わったら先生にどのようにするのかを言いに来てください（お弁当箱を渡す）。
③では、お弁当に入れるものを作ってください。作り終わったらお弁当箱に詰めてください。
④余ったものがあったら、何かを自由に作ってください。

〈時間〉　適宜

〈解答〉　省略

［2018年度出題］

学習のポイント

5～6人のグループでの制作も、ここ数年続いて出題されている課題です。ここでチェックされるのは、グループでの活動が積極的に行えるかどうかです。イニシアティブを取る必要はありませんが、人の意見を聞き、それに対して自分の意見を言いながら、目的を持って作業を進めるという姿勢が求められます。これはもちろん、入学後の集団生活に適応できるかどうかを観ているのであって、どのようなものをどのように作るかという意味での創造力や巧緻性の能力については、それほど重要視されていません（集団制作では個人の技量の評価が難しいという事情もありますが）。ですので、対策として1人で何かの制作を繰り返してもあまり意味がありません。集団で作業する機会がなければ、保護者の方が参加する形でも構いません。「何を作るか、誰が何をするか」という意見を出し合ってから作業する集団制作の機会を通して、コミュニケーション能力を高めておきましょう。

【おすすめ問題集】
実践 ゆびさきトレーニング①②③、
Ｊｒ・ウォッチャー22「想像画」、23「切る・貼る・塗る」

問題１１

①

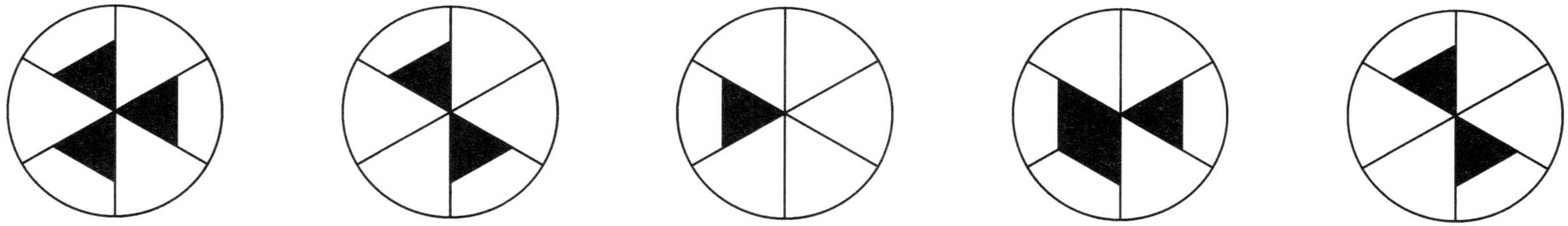

②

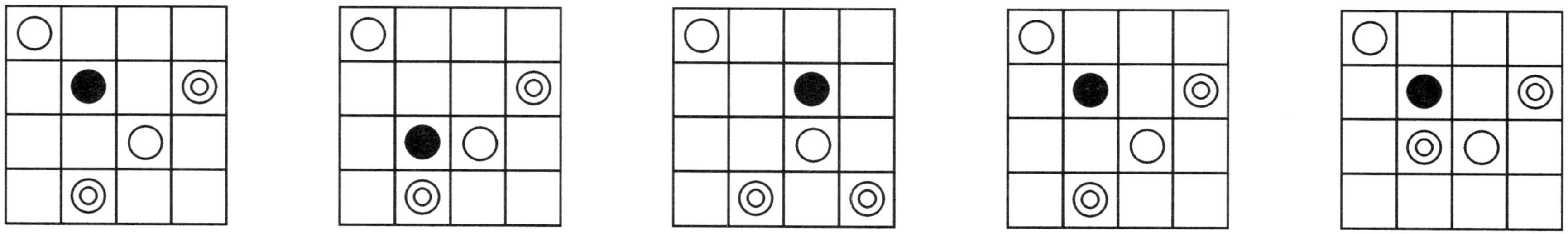

③

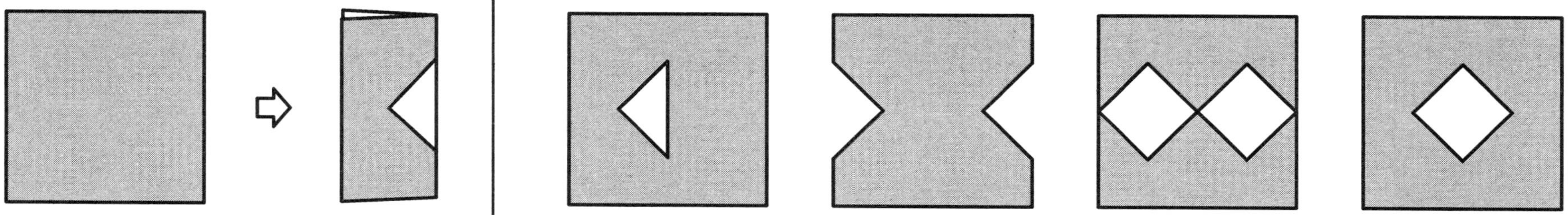

④

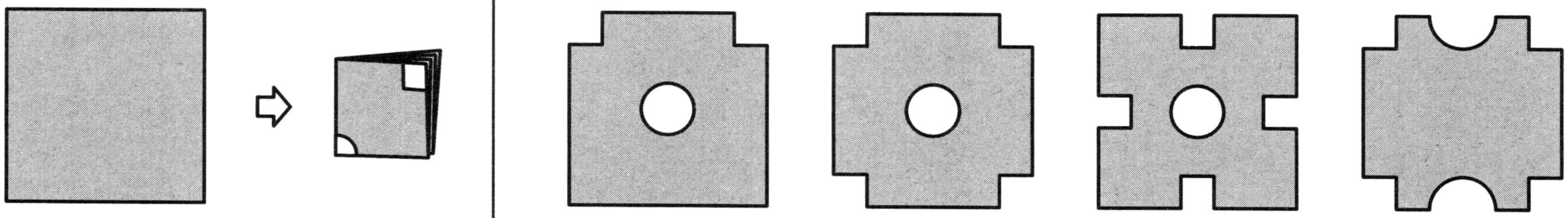

　

問題１２

①

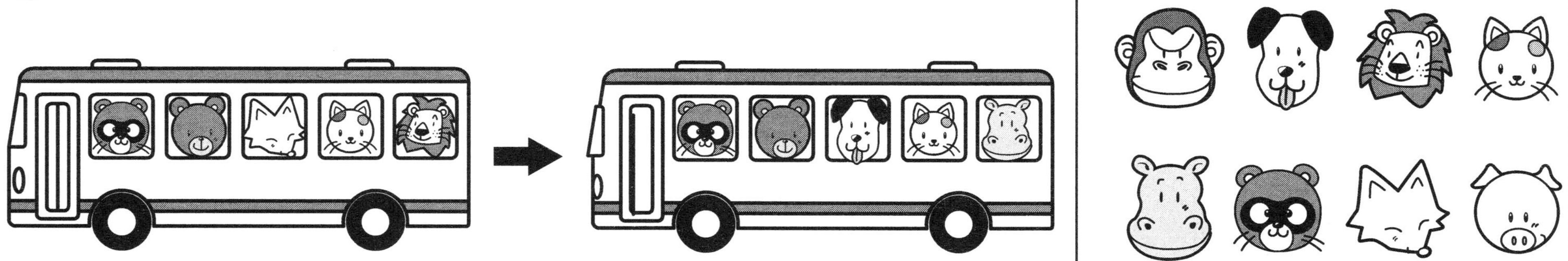

②

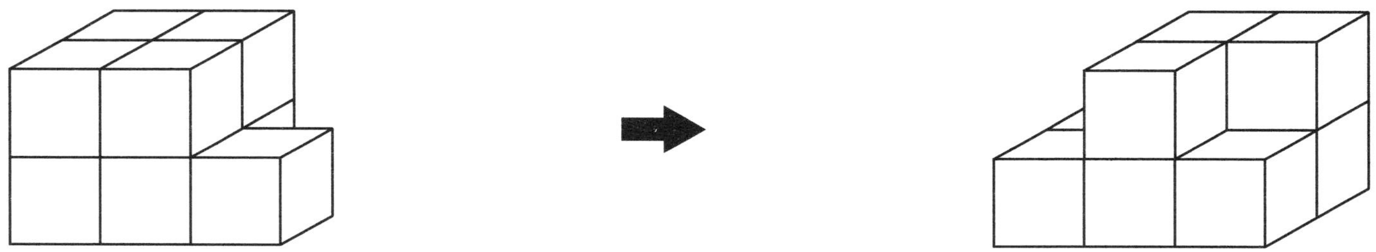

③

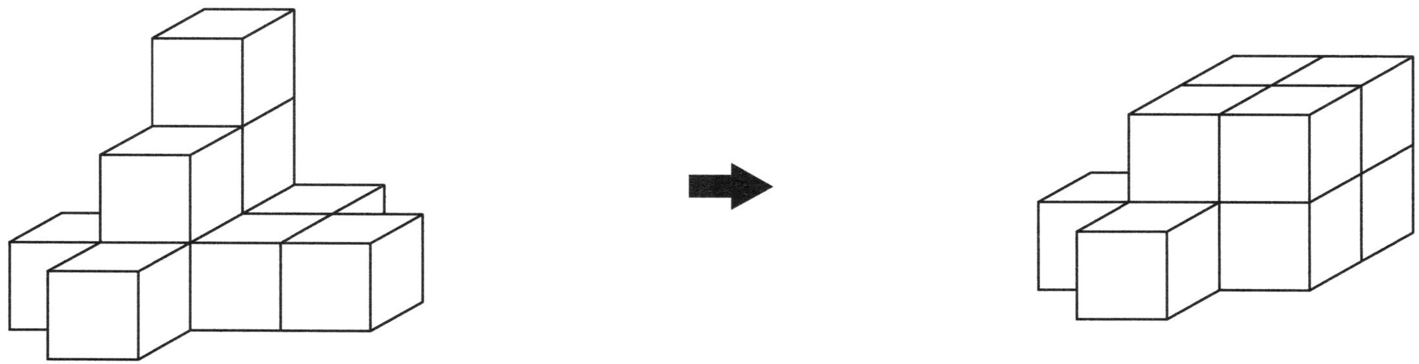

日本学習図書株式会社

日本学習図書株式会社

①

④

②

⑤

③

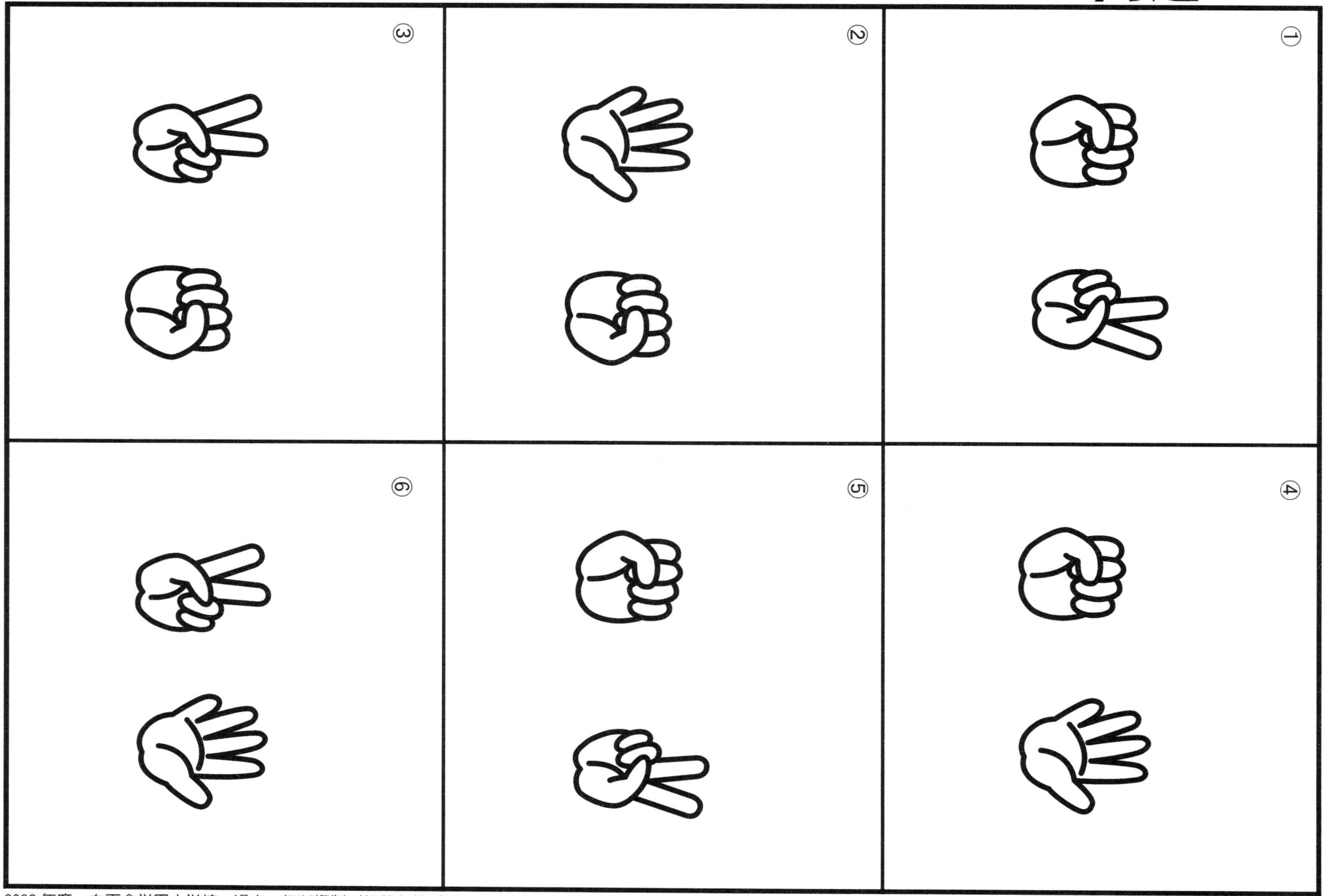

問題１４

①

②

③

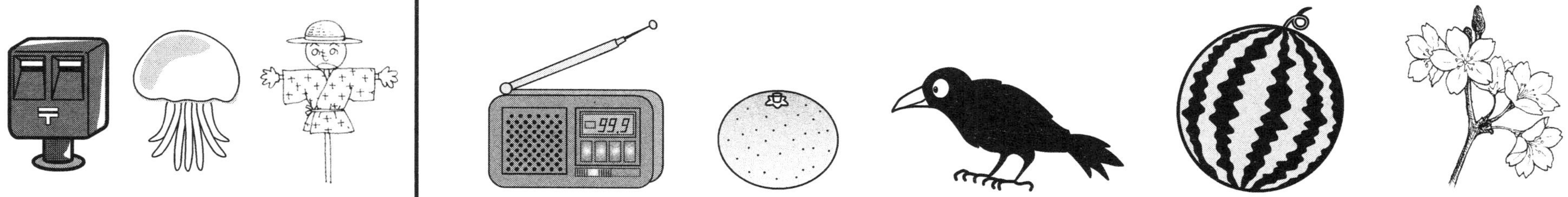

①

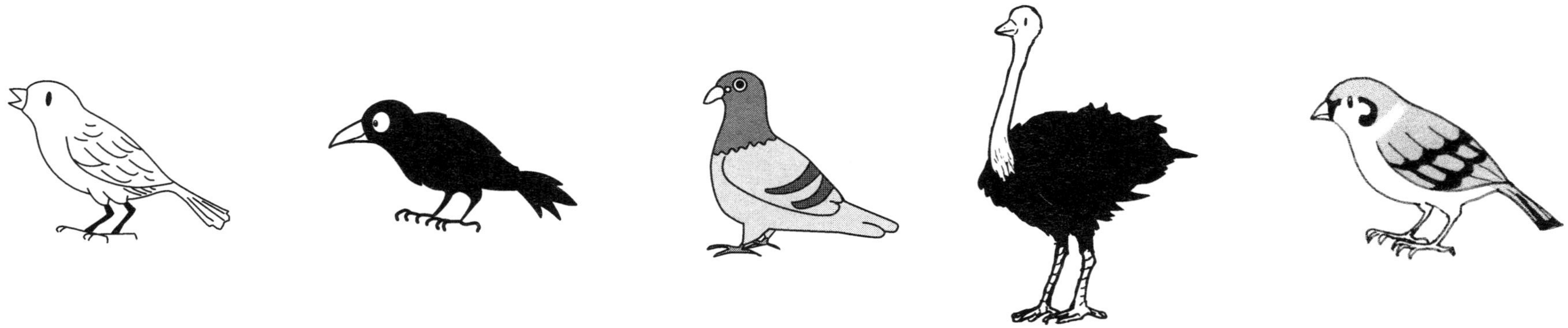

②

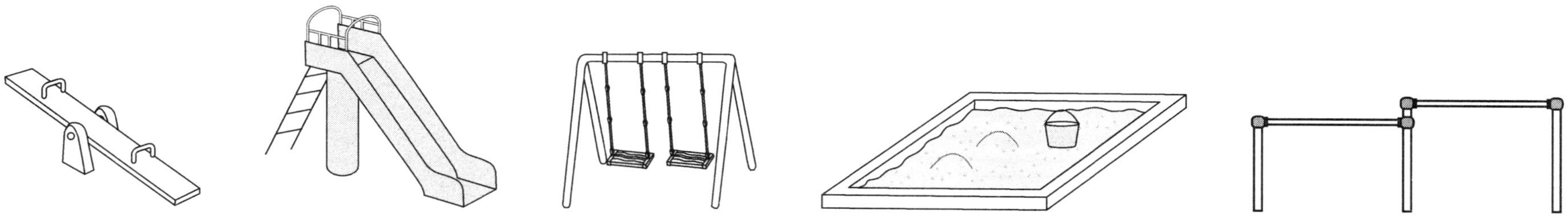

日本学習図書株式会社

2022 年度　白百合学園小学校　過去　無断複製／転載を禁ずる

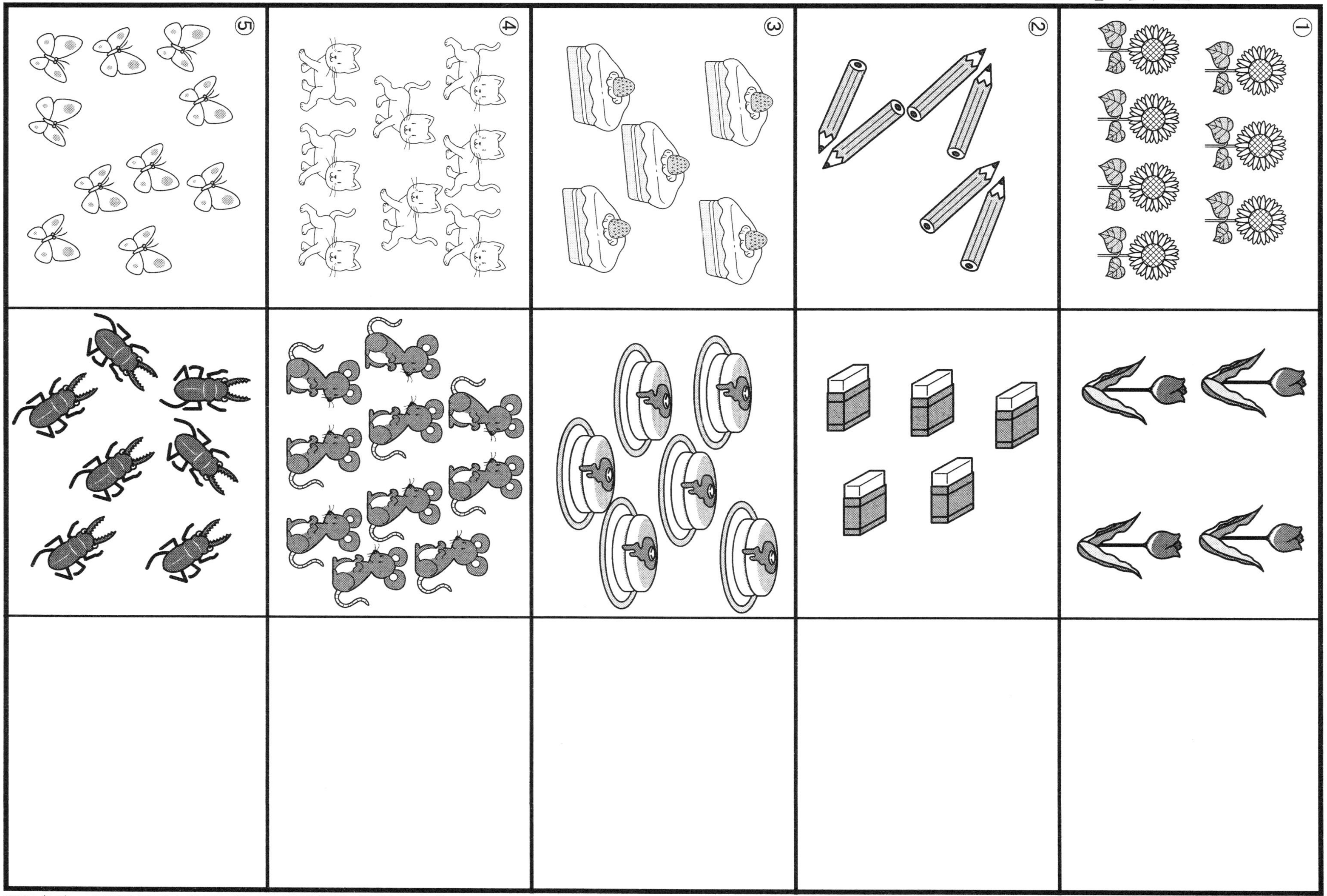

問題１７

問題18

①

②

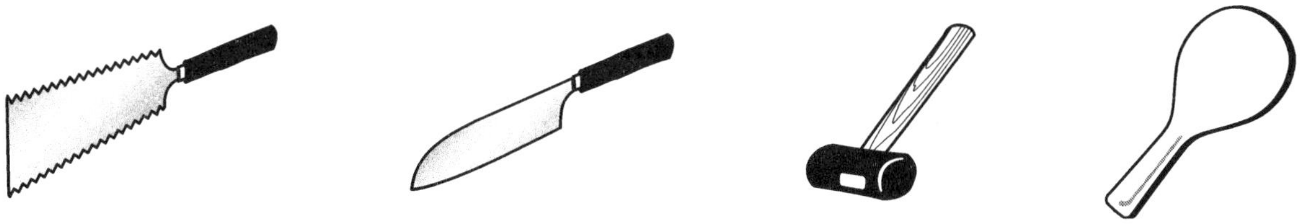

③

④

⑤

問題１９－２

問題20－1

問題２０－２

①

②

③

④

2022年度　白百合学園小学校　過去　無断複製／転載を禁ずる　　日本学習図書株式会社

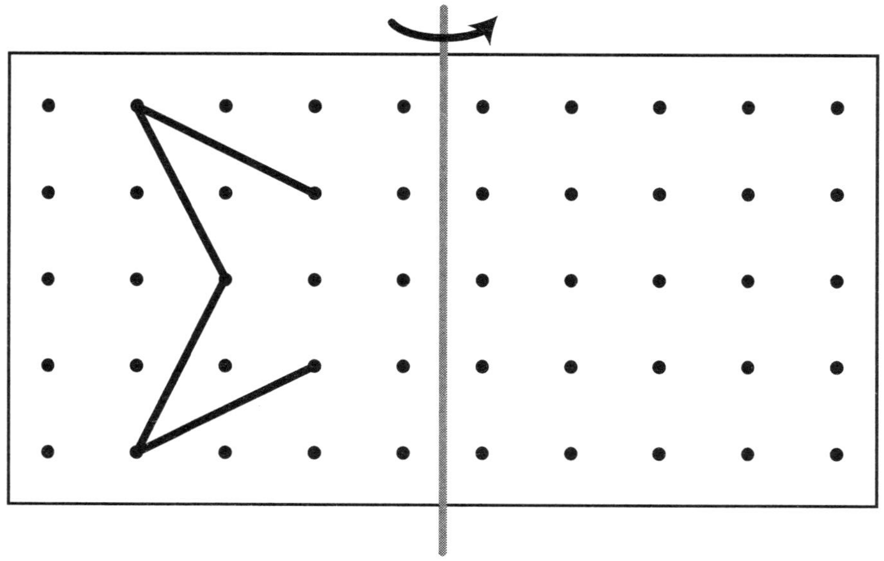

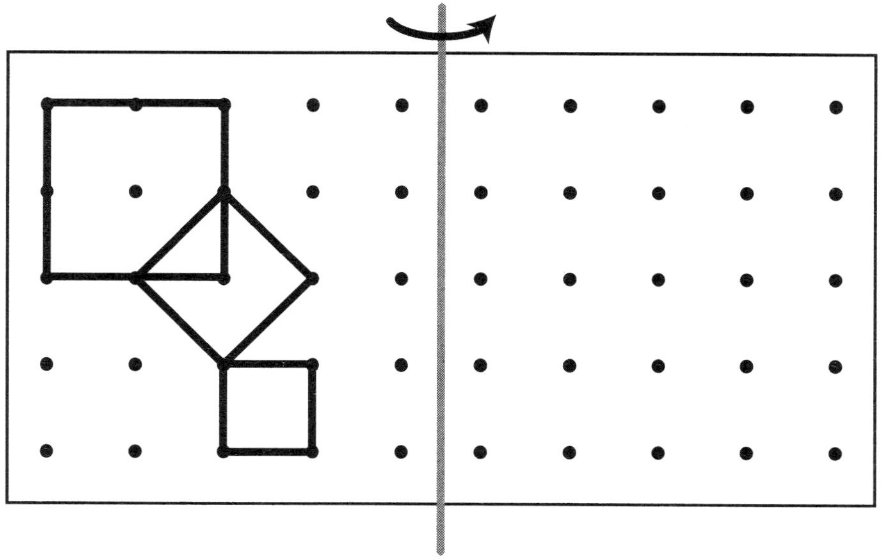

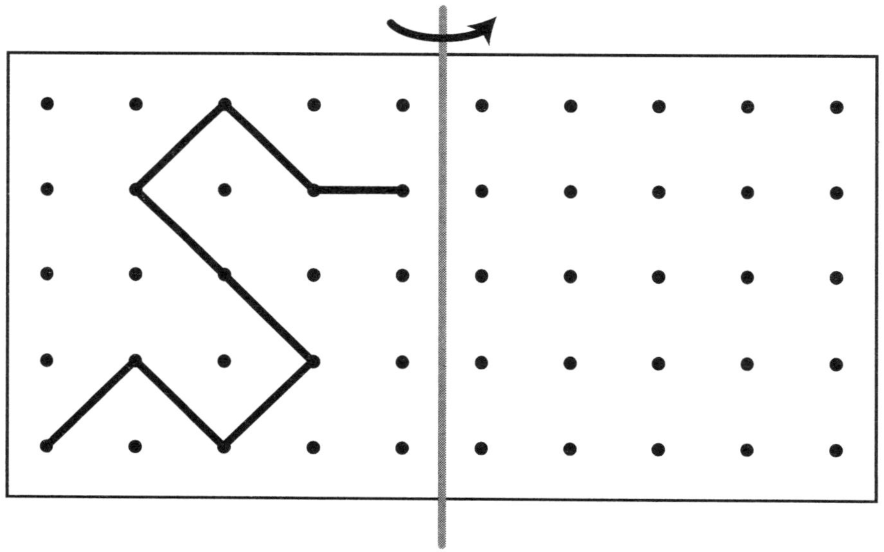

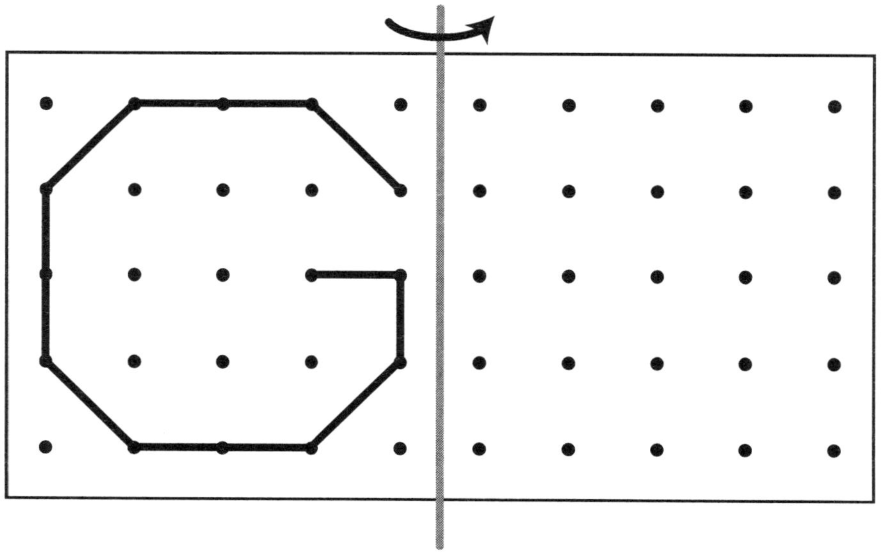

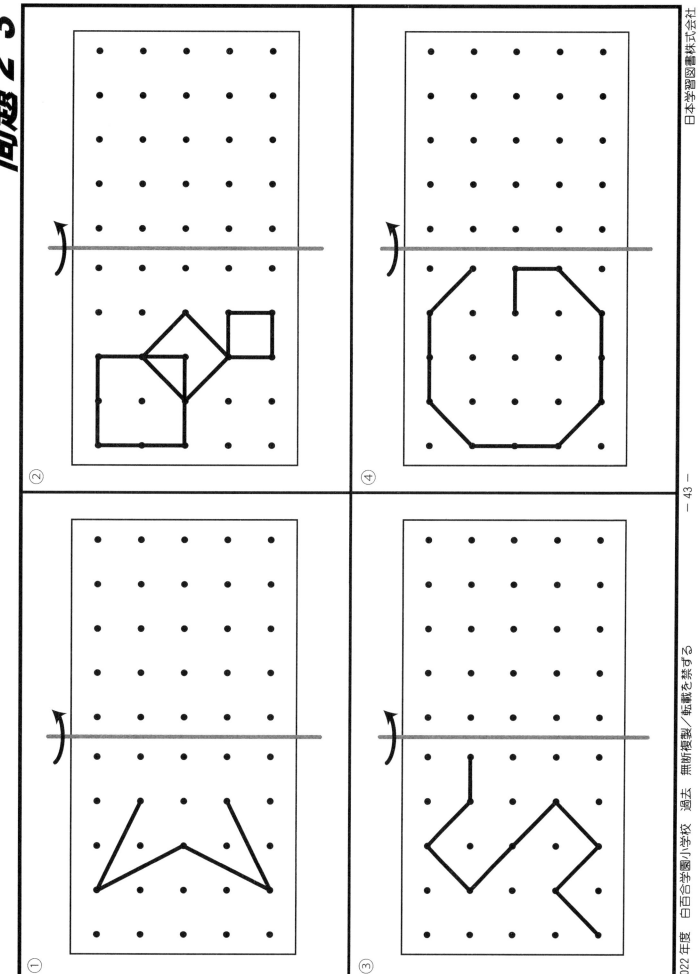

問題２４

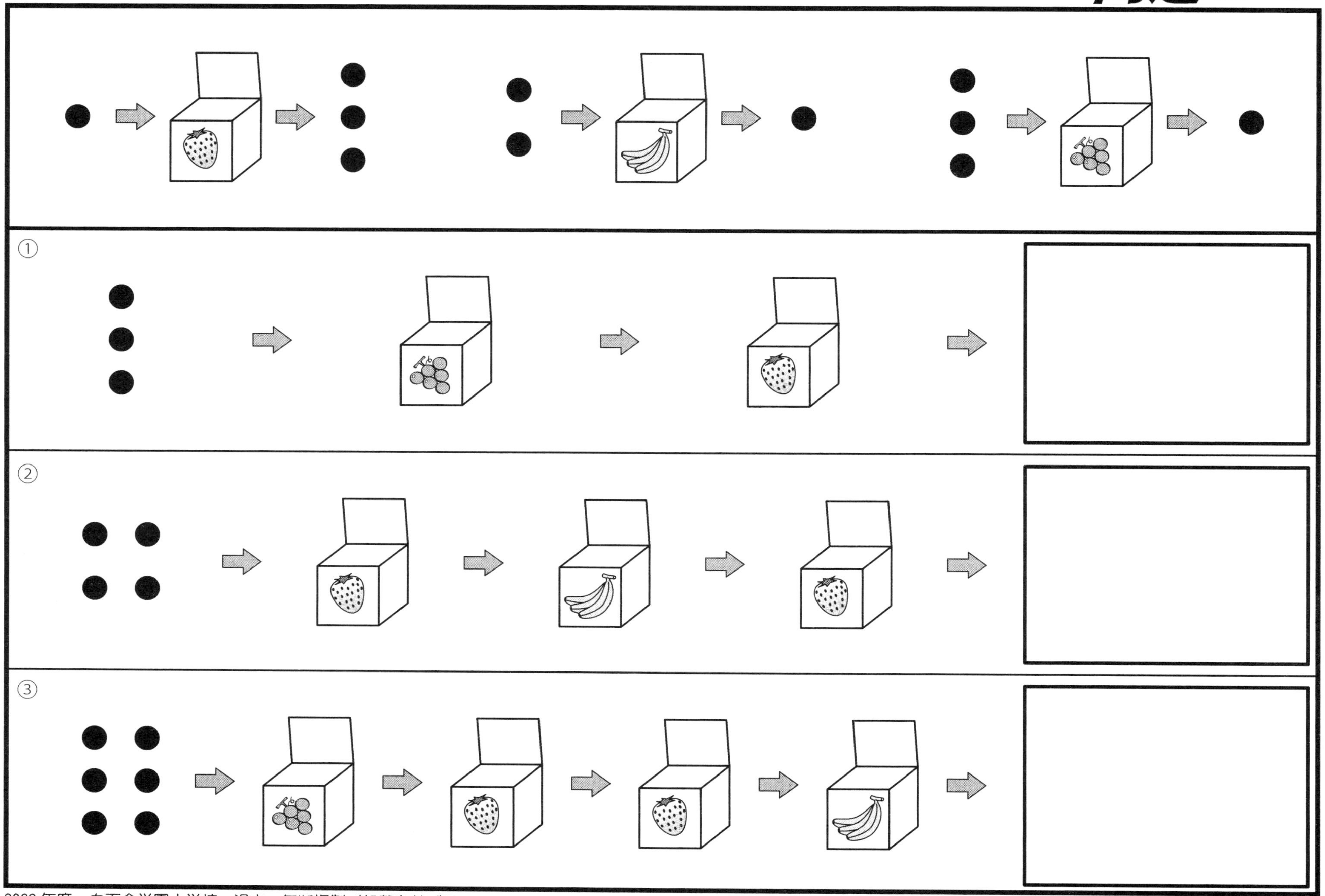

①

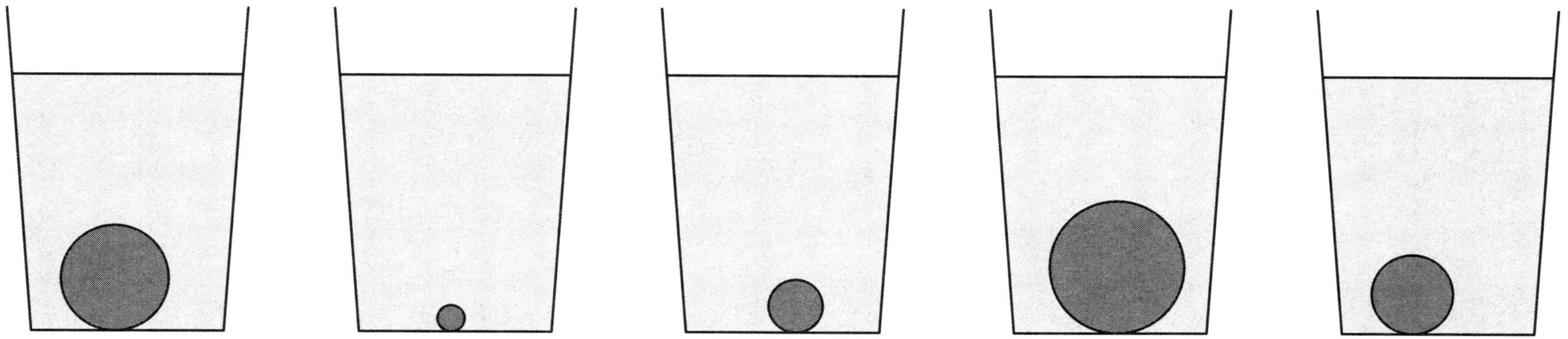

②

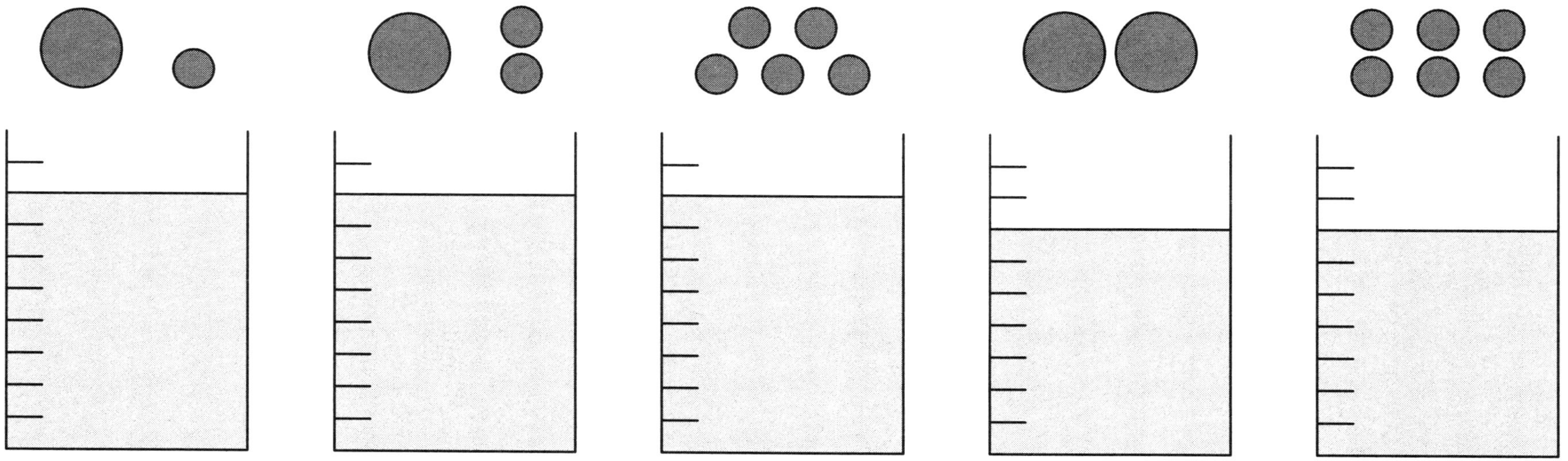

問題２６

④

③

②

①

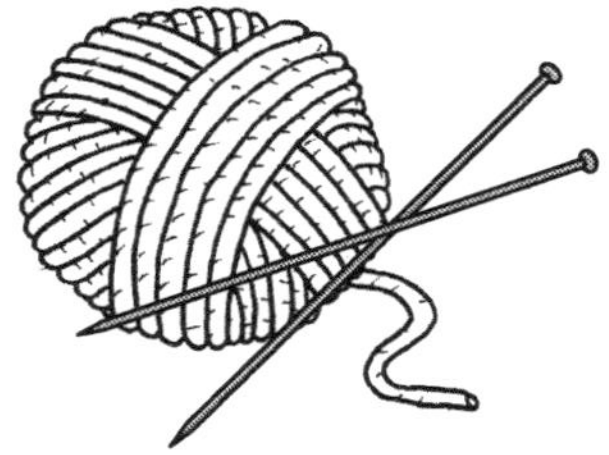

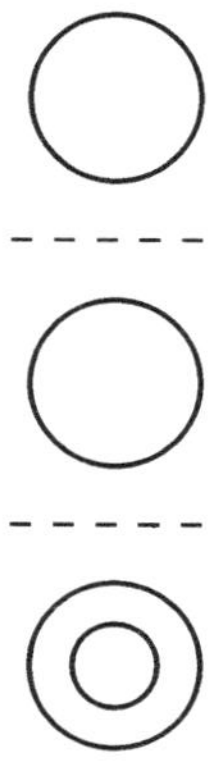

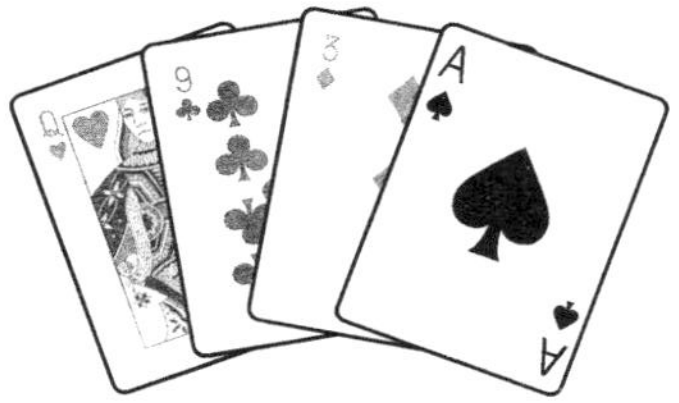

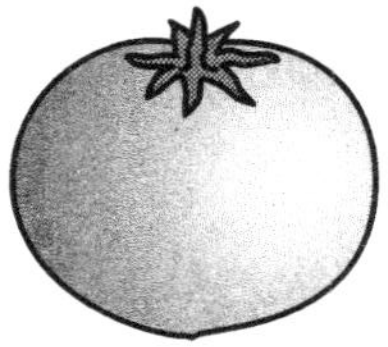

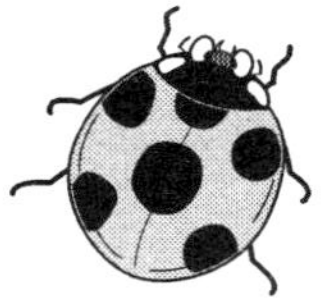

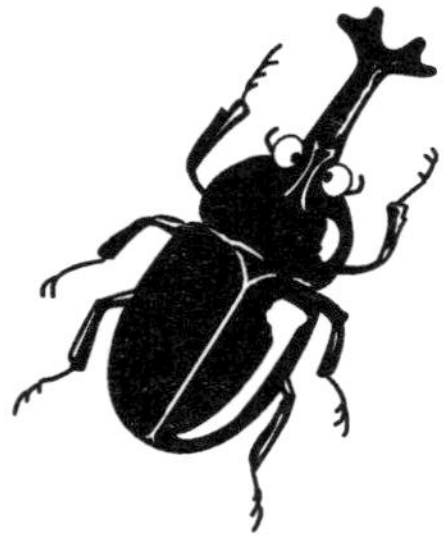

2022 年度　白百合学園小学校　過去　無断複製／転載を禁ずる　日本学習図書株式会社

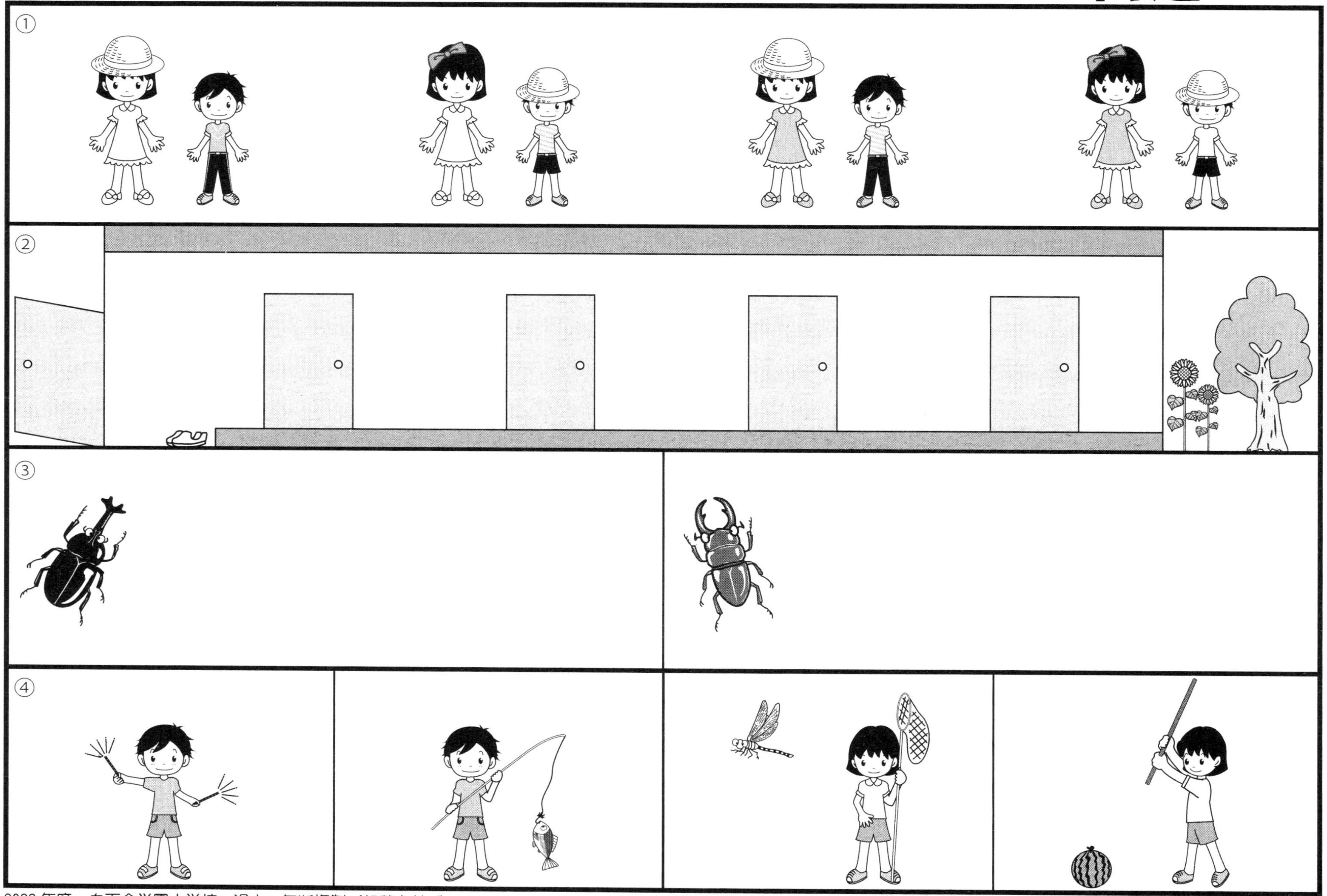

①
②

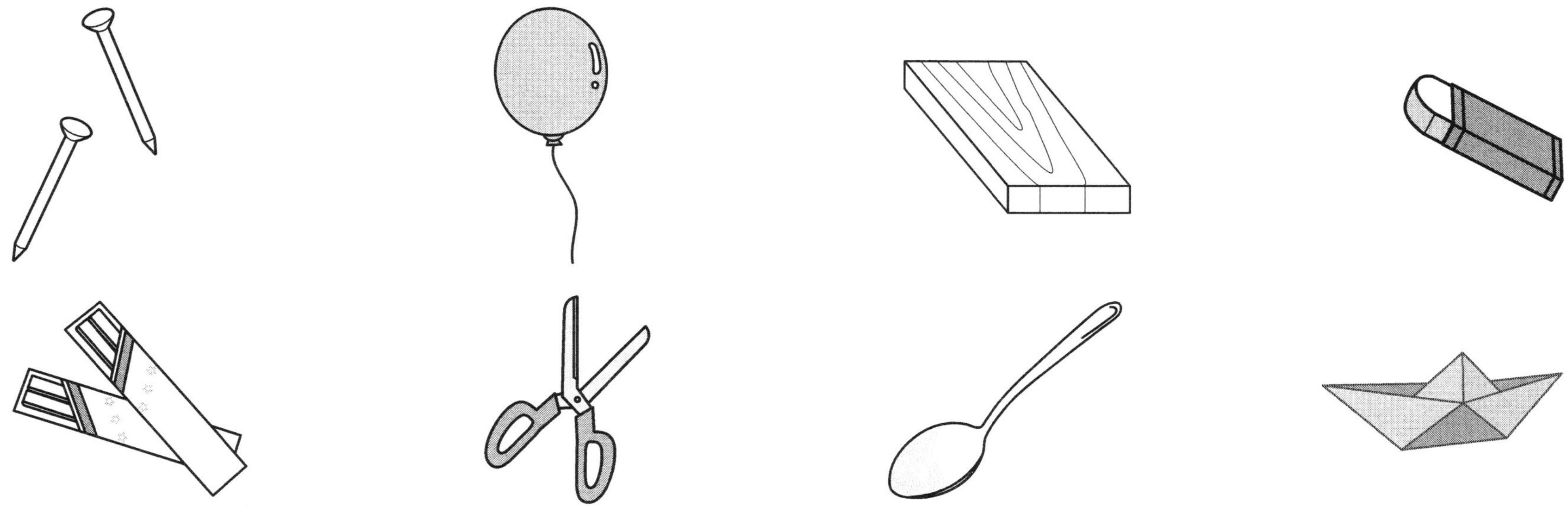

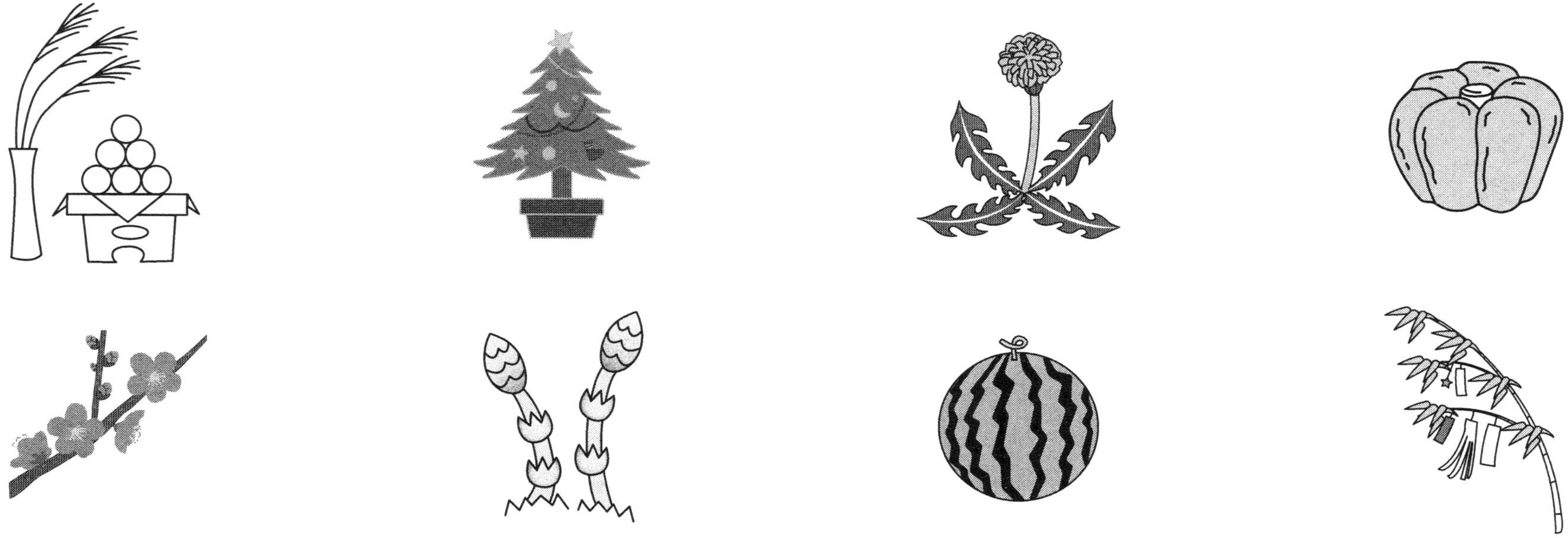

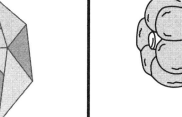

2022 年度　白百合学園小学校　過去　無断複製／転載を禁ずる　日本学習図書株式会社

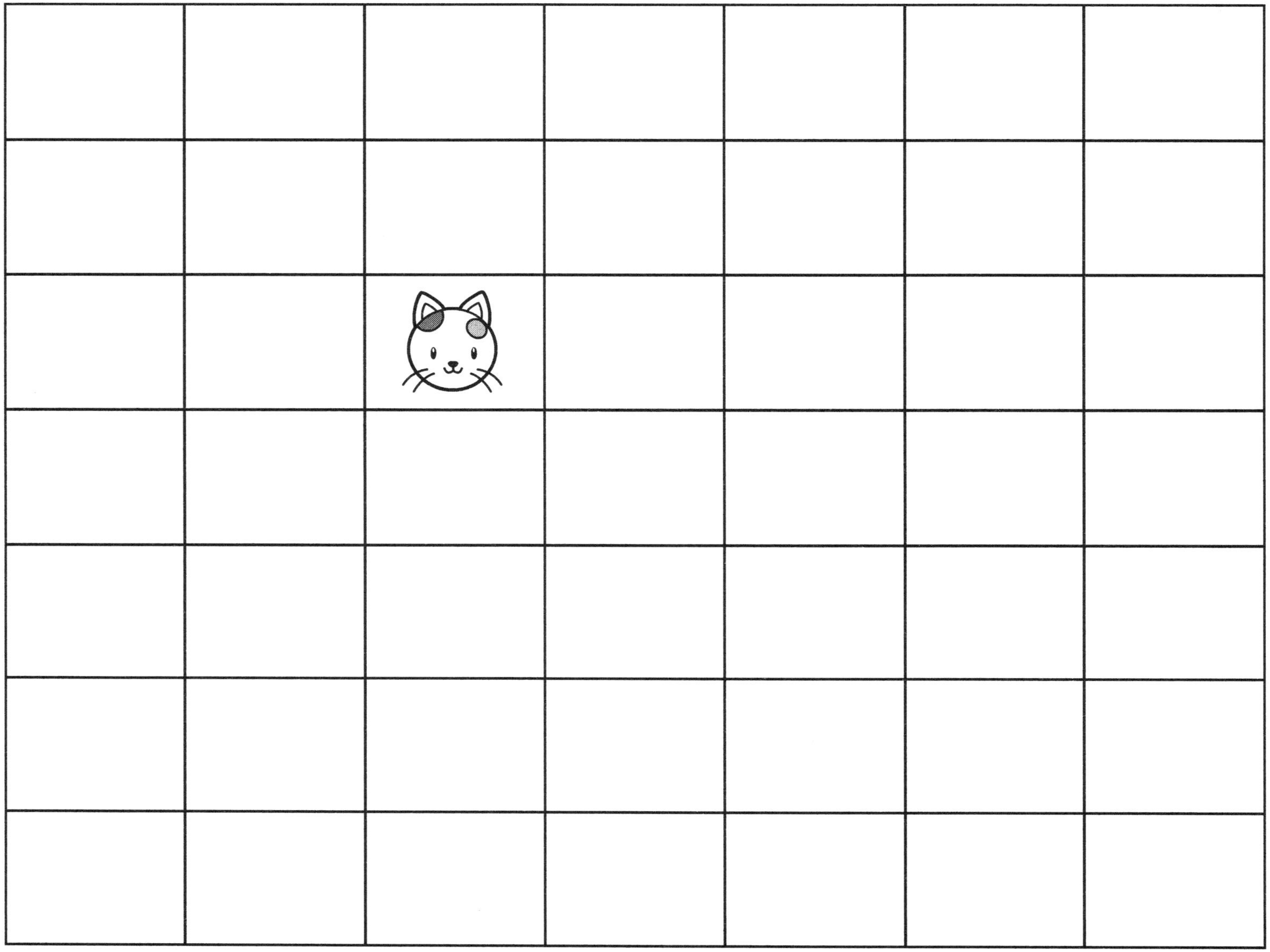

問題30－1

2022 年度　白百合学園小学校　過去　無断複製／転載を禁ずる　日本学習図書株式会社

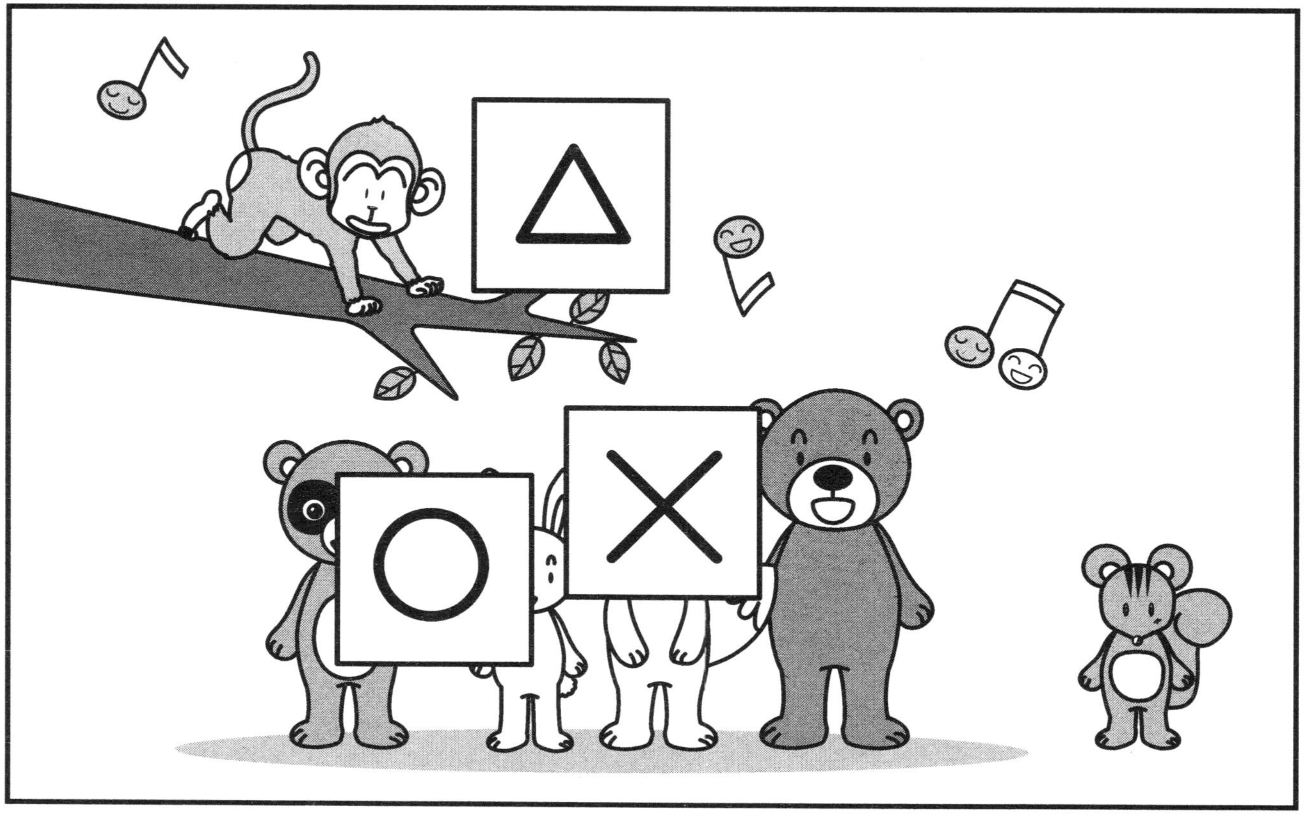

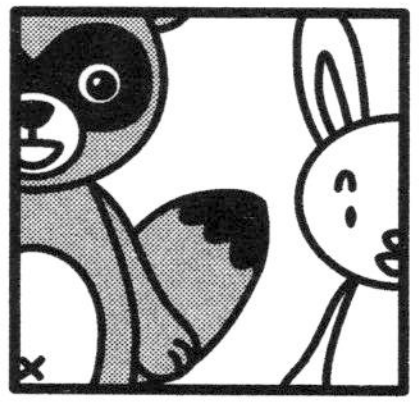

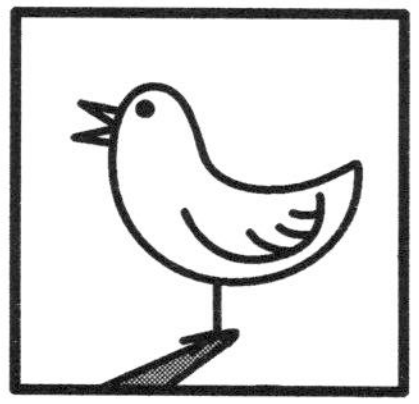

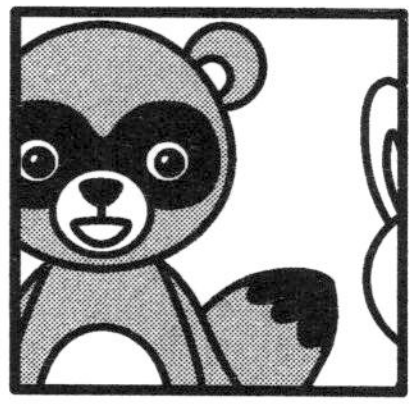

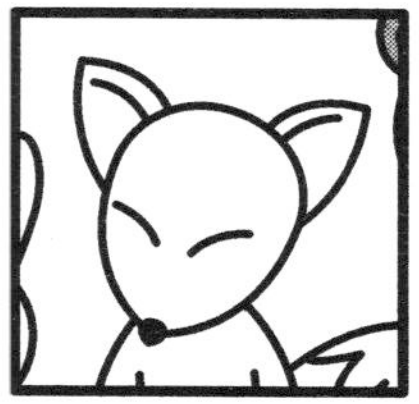

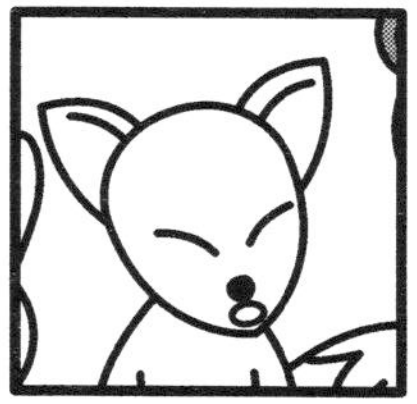

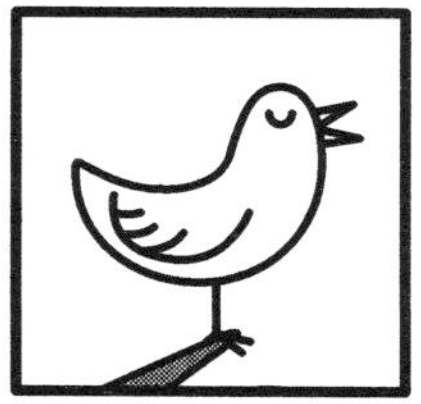

問題３１

①

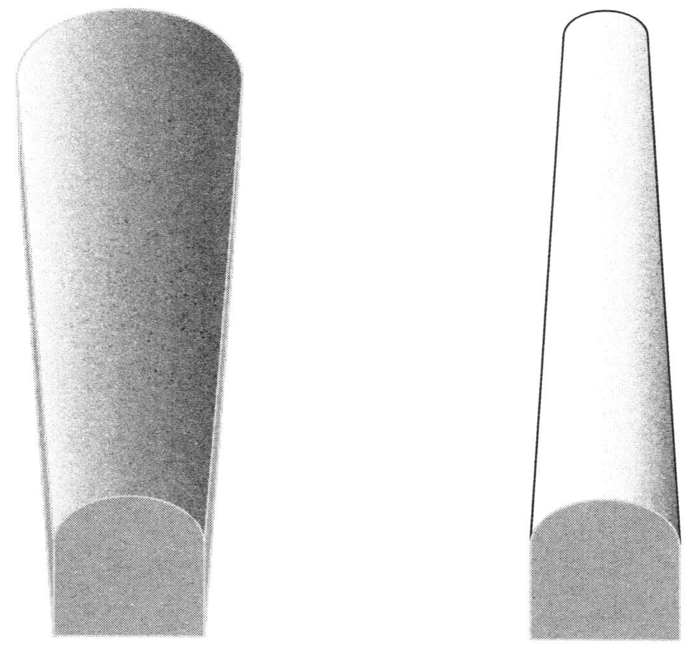

②

問題32

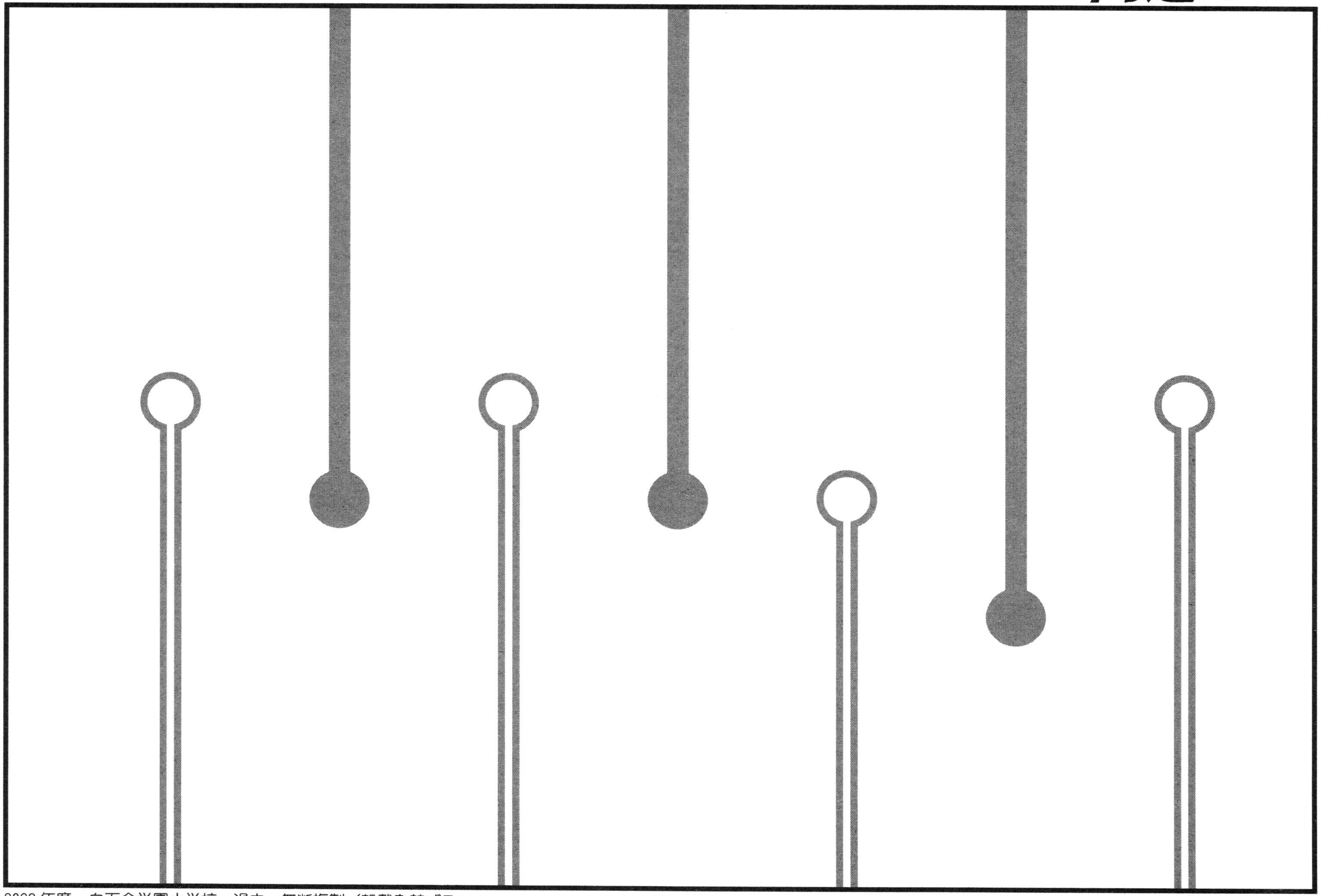

問題３４

問題35

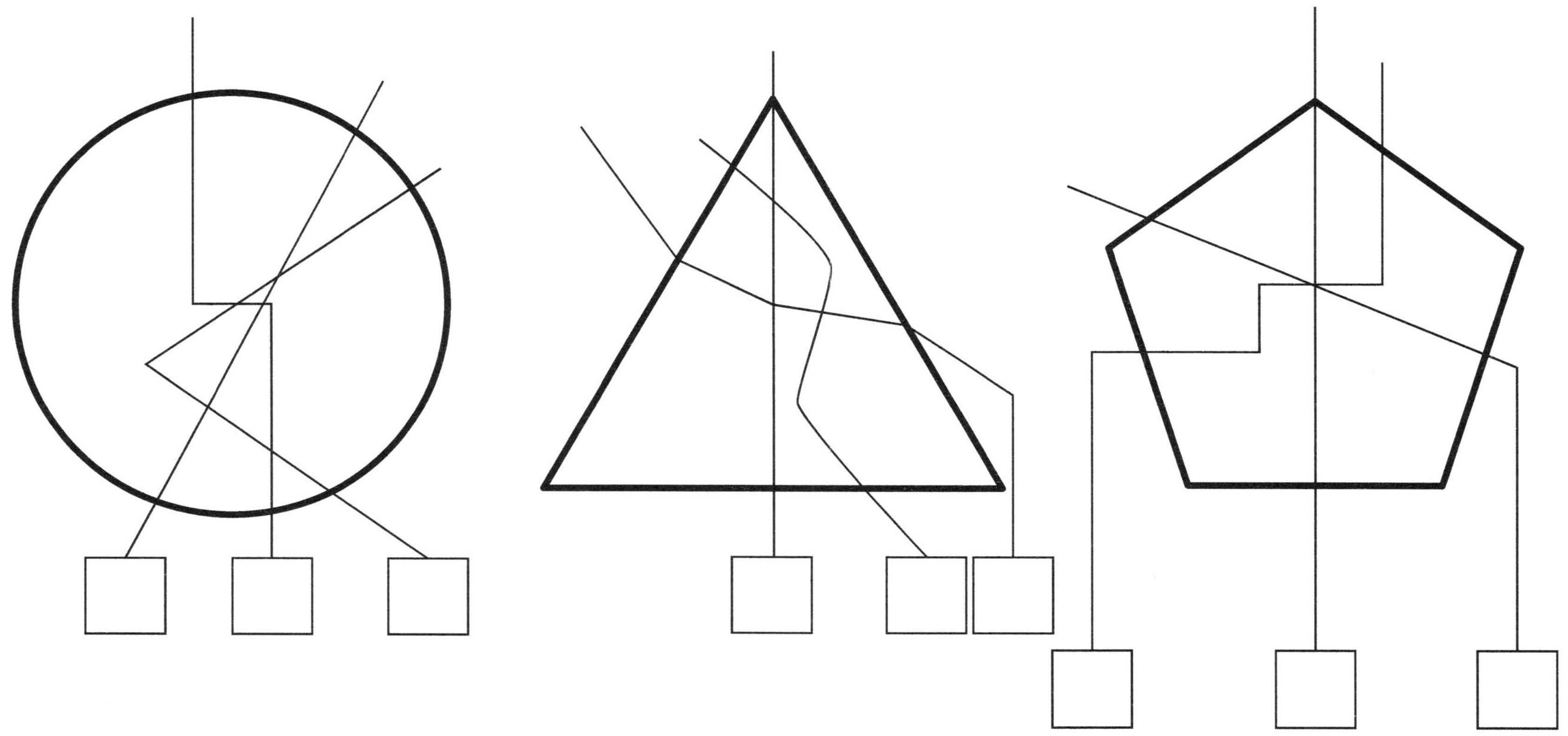

問題 36

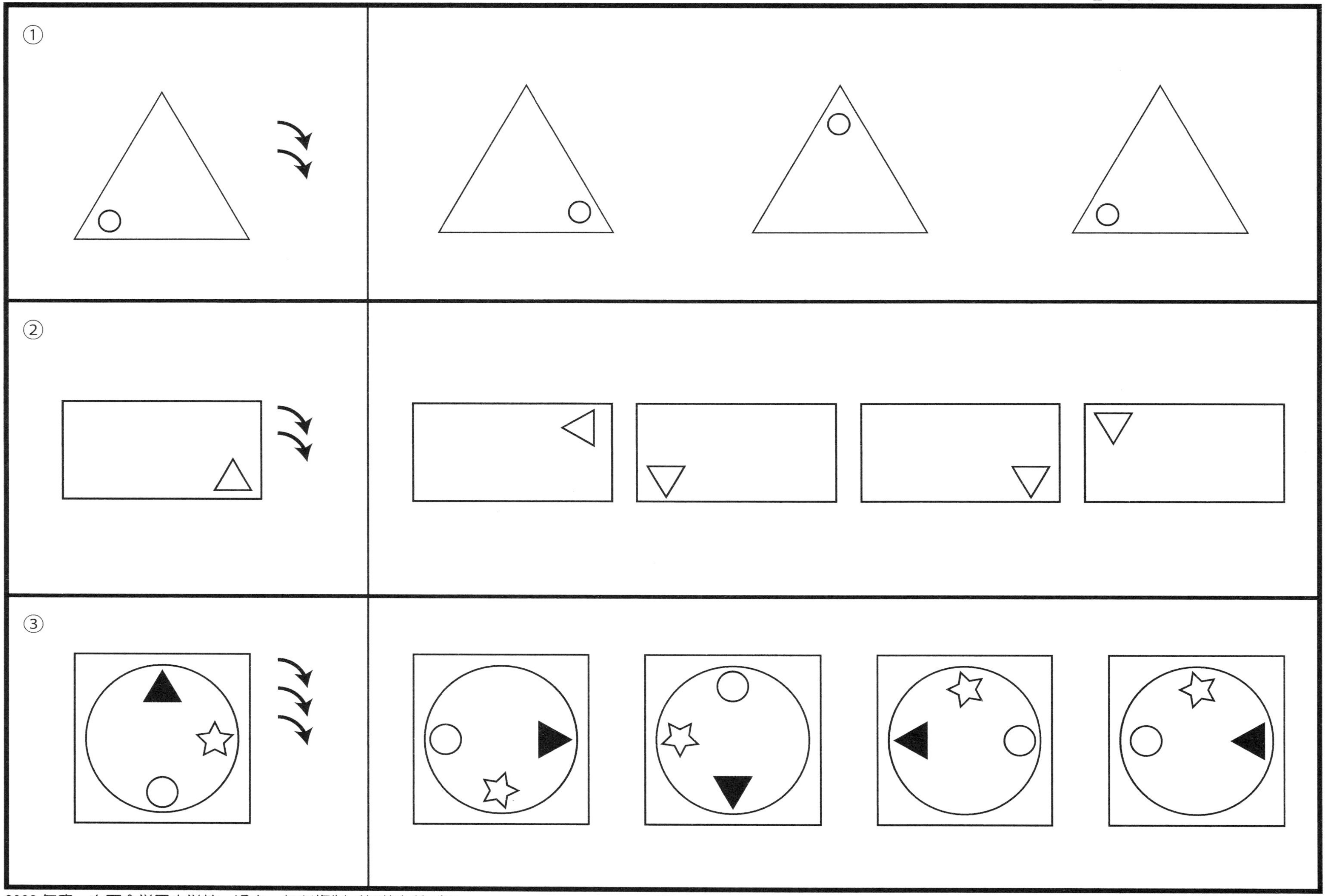

問題３７－１

①

②

☆

③

♡

問題 37-2

④
⑤
⑥

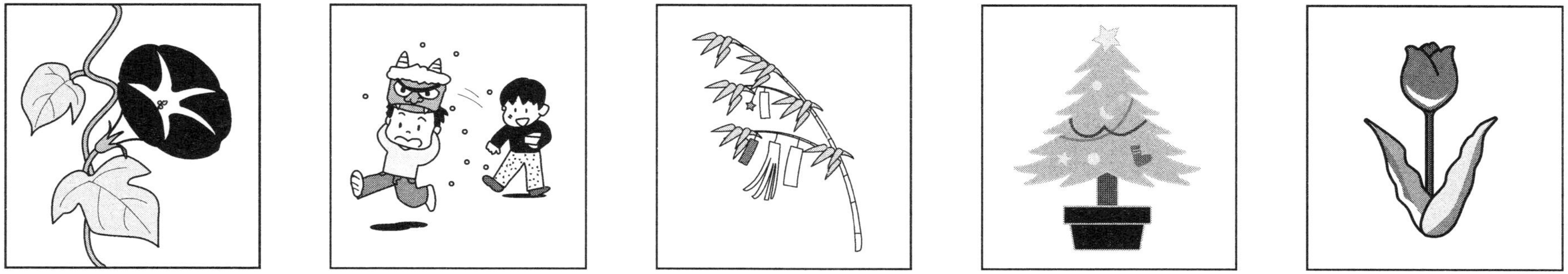

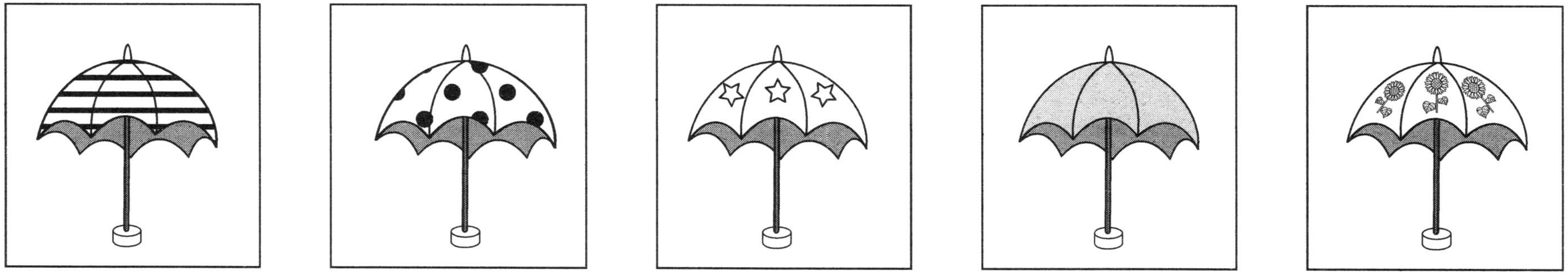

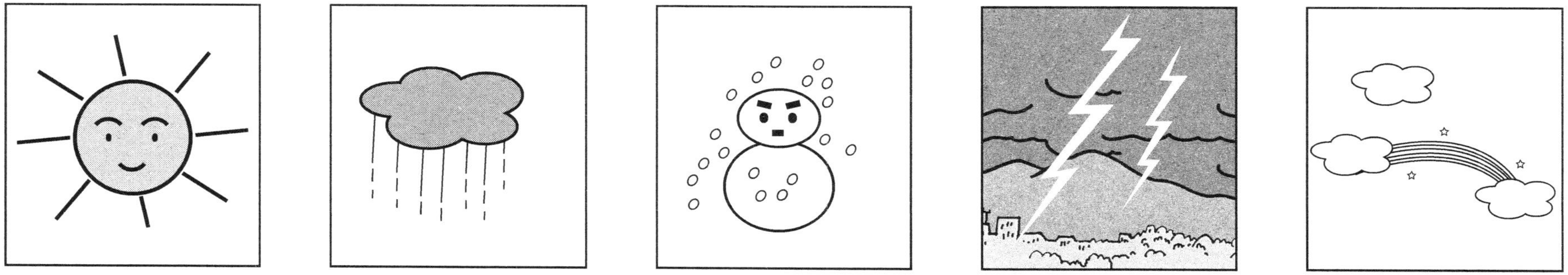

問題38

問題３９－１

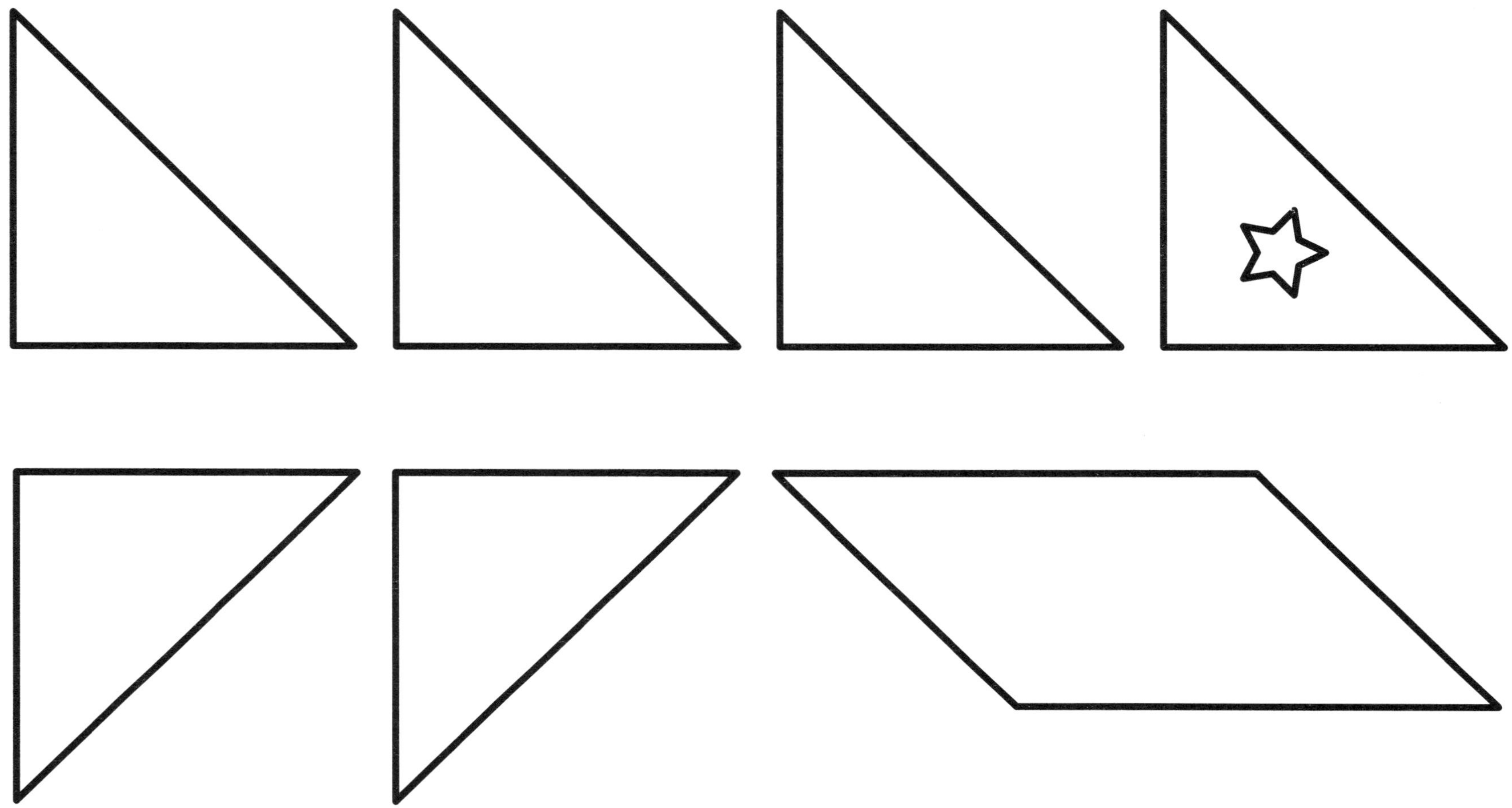

問題３９−２

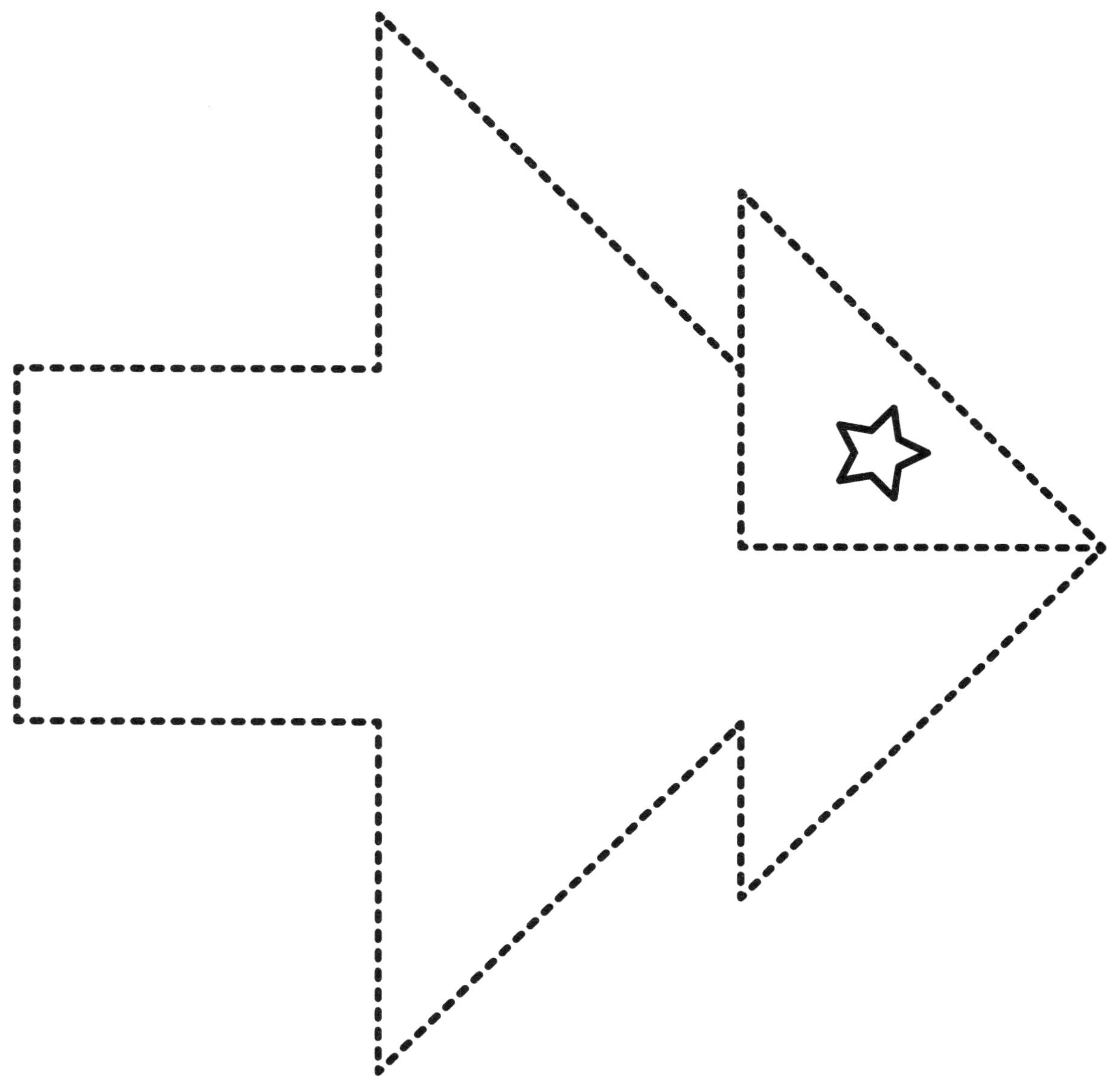

問題41－1

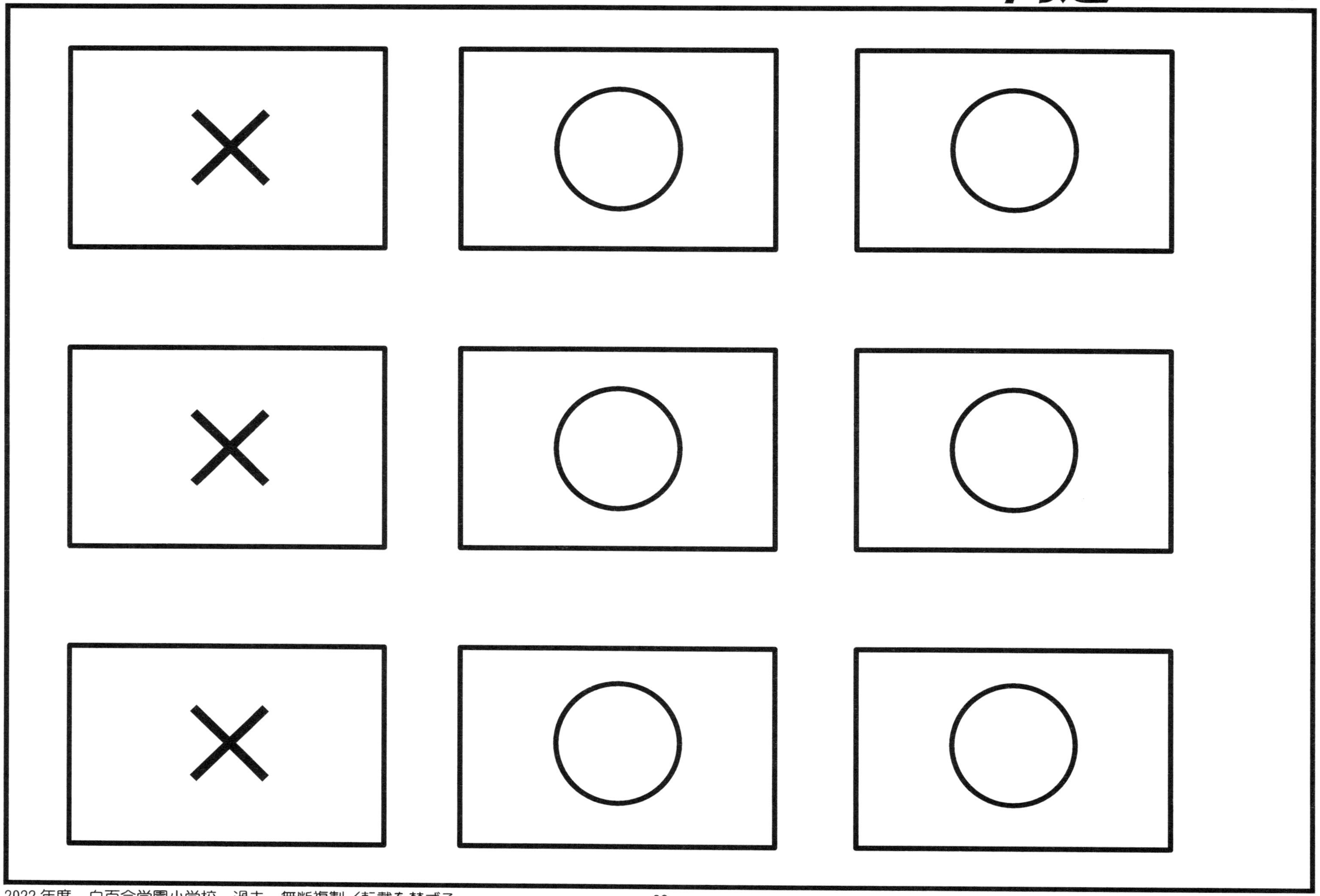

問題４１－２

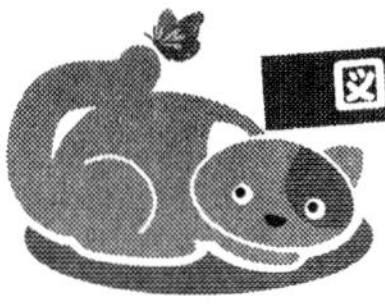

図書カード1000円分プレゼント

ご記入日 令和　　年　　月　　日

☆国・私立小学校受験アンケート☆

※可能な範囲でご記入下さい。選択肢は○で囲んで下さい。

〈小学校名〉＿＿＿＿＿＿＿＿＿＿　〈お子さまの性別〉男・女　〈誕生月〉＿＿月

〈その他の受験校〉（複数回答可）＿＿＿＿＿＿＿＿＿＿＿＿＿＿＿＿

〈受験日〉①：＿＿月＿＿日〈時間〉＿＿時＿＿分　～　＿＿時＿＿分

②：＿＿月＿＿日〈時間〉＿＿時＿＿分　～　＿＿時＿＿分

〈受験者数〉男女計＿＿名（男子＿＿名　女子＿＿名）

〈お子さまの服装〉＿＿＿＿＿＿＿＿＿＿＿＿＿＿＿＿

〈入試全体の流れ〉（記入例）準備体操→行動観察→ペーパーテスト

＿＿＿＿＿＿＿＿＿＿＿＿＿＿＿＿＿＿＿＿＿＿＿＿＿＿

Eメールによる情報提供

日本学習図書では、Eメールでも入試情報を募集しております。

下記のアドレスに、アンケートの内容をご入力の上、メールをお送り下さい。

ojuken@nichigaku.jp

●行動観察　（例）好きなおもちゃで遊ぶ・グループで協力するゲームなど

〈実施日〉＿＿月＿＿日〈時間〉＿＿時＿＿分　～　＿＿時＿＿分〈着替え〉□有　□無

〈出題方法〉□肉声　□録音　□その他（　　　　　　）〈お手本〉□有　□無

〈試験形態〉□個別　□集団（　　　人程度）　〈会場図〉

〈内容〉

□自由遊び

＿＿＿＿＿＿＿＿＿＿＿＿＿＿＿＿＿＿＿＿

□グループ活動

＿＿＿＿＿＿＿＿＿＿＿＿＿＿＿＿＿＿＿＿

□その他

＿＿＿＿＿＿＿＿＿＿＿＿＿＿＿＿＿＿＿＿

●運動テスト（有・無）　（例）跳び箱・チームでの競争など

〈実施日〉＿＿月＿＿日〈時間〉＿＿時＿＿分　～　＿＿時＿＿分〈着替え〉□有　□無

〈出題方法〉□肉声　□録音　□その他（　　　　　　）〈お手本〉□有　□無

〈試験形態〉□個別　□集団（　　　人程度）　〈会場図〉

〈内容〉

□サーキット運動

□走り　□跳び箱　□平均台　□ゴム跳び

□マット運動　□ボール運動　□なわ跳び

□クマ歩き

□グループ活動＿＿＿＿＿＿＿＿＿＿＿＿＿＿＿＿

□その他＿＿＿＿＿＿＿＿＿＿＿＿＿＿＿＿＿＿

●知能テスト・口頭試問

〈実施日〉 ＿＿月＿＿日 〈時間〉 ＿＿時＿＿分 ～ ＿＿時＿＿分 〈お手本〉□有 □無

〈出題方法〉 □肉声 □録音 □その他（　　　　　　） 〈問題数〉 ＿＿枚 ＿＿問

分野	方法	内　容	詳　細・イ ラ ス ト
（例） お話の記憶	☑筆記 □口頭	動物たちが待ち合わせをする話	（あらすじ） 動物たちが待ち合わせをした。最初にウサギさんが来た。次にイヌくんが、その次にネコさんが来た。最後にタヌキくんが来た。 （問題・イラスト） ３番目に来た動物は誰か 
お話の記憶	□筆記 □口頭		（あらすじ） （問題・イラスト）
図形	□筆記 □口頭		
言語	□筆記 □口頭		
常識	□筆記 □口頭		
数量	□筆記 □口頭		
推理	□筆記 □口頭		
その他	□筆記 □口頭		

●制作　（例）ぬり絵・お絵かき・工作遊びなど

〈実施日〉＿＿月＿＿日〈時間〉＿＿時＿＿分＿～＿＿時＿＿分

〈出題方法〉 □肉声 □録音 □その他（　　　　　　） 〈お手本〉□有 □無

〈試験形態〉 □個別 □集団（　　　人程度）

材料・道具	制作内容
□ハサミ □のり（□つぼ □液体 □スティック） □セロハンテープ □鉛筆 □クレヨン（　色） □クーピーペン（　色） □サインペン（　色）□ □画用紙（□ A4 □ B4 □ A3 □その他：　　　　　） □折り紙 □新聞紙 □粘土 □その他（　　　　　）	□切る □貼る □塗る □ちぎる □結ぶ □描く □その他（　　　　　　） タイトル：＿＿＿＿＿＿＿＿＿＿

●面接

〈実施日〉＿＿月＿＿日〈時間〉＿＿時＿＿分＿～＿＿時＿＿分＿〈面接担当者〉＿＿名

〈試験形態〉□志願者のみ（　　）名 □保護者のみ □親子同時 □親子別々

〈質問内容〉

※試験会場の様子をご記入下さい。

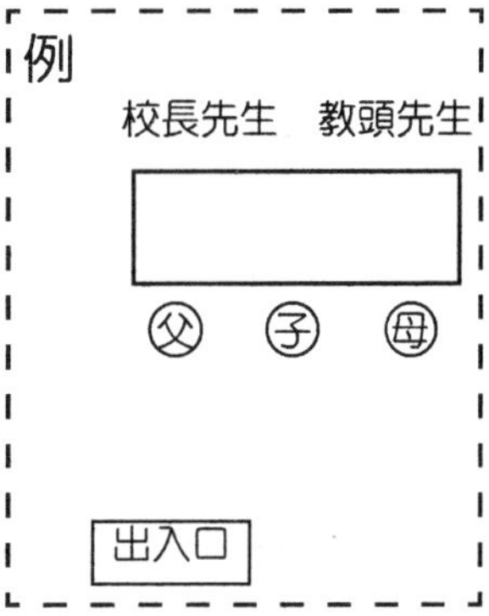

□志望動機　□お子さまの様子

□家庭の教育方針

□志望校についての知識・理解

□その他（　　　　　　　　　　）

（　詳　細　）

・

・

・

・

●保護者作文・アンケートの提出（有・無）

〈提出日〉 □面接直前　□出願時　□志願者考査中　□その他（　　　　　　　　）

〈下書き〉 □有　□無

〈アンケート内容〉

（記入例）当校を志望した理由はなんですか（150 字）

●説明会（□有　□無）〈開催日〉＿＿月＿＿日〈時間〉＿＿時＿＿分～＿＿時＿＿分

〈上履き〉□要　□不要　〈願書配布〉□有　□無　〈校舎見学〉□有　□無

〈ご感想〉

●参加された学校行事（複数回答可）

公開授業〈開催日〉＿＿月＿＿日〈時間〉＿＿時＿＿分～＿＿時＿＿分

運動会など〈開催日〉＿＿月＿＿日〈時間〉＿＿時＿＿分～＿＿時＿＿分

学習発表会・音楽会など〈開催日〉＿＿月＿＿日〈時間〉＿＿時＿＿分～＿＿時＿＿分

〈ご感想〉

※是非参加したほうがよいと感じた行事について

●受験を終えてのご感想、今後受験される方へのアドバイス

※対策学習（重点的に学習しておいた方がよい分野）、当日準備しておいたほうがよい物など

＊＊＊＊＊＊＊＊＊＊＊＊　ご記入ありがとうございました　＊＊＊＊＊＊＊＊＊＊＊＊

必要事項をご記入の上、ポストにご投函ください。

なお、本アンケートの送付期限は入試終了後３ヶ月とさせていただきます。また、入試に関する情報の記入量が当社の基準に満たない場合、謝礼の送付ができないことがございます。あらかじめご了承ください。

ご住所：〒＿＿＿＿＿＿＿＿＿＿

お名前：＿＿＿＿＿＿＿＿　メール：＿＿＿＿＿＿＿＿

ＴＥＬ：＿＿＿＿＿＿＿＿　ＦＡＸ：＿＿＿＿＿＿＿＿

アンケートのご記入
ありがとうございました

分野別 小学入試練習帳 ジュニアウォッチャー

1．点・線図形	小学校入試で出題頻度の高い『点・線図形』の模写を、難易度の低いものから段階別に幅広く練習することができるように構成。
2．座標	図形の位置模写という作業を、難易度の低いものから段階別に練習できるように構成。
3．パズル	様々なパズルの問題を難易度の低いものから段階別に練習できるように構成。
4．同図形探し	小学校入試で出題頻度の高い、同図形選びの問題を繰り返し練習できるように構成。
5．回転・展開	図形などを回転、または展開したとき、形がどのように変化するかを学習し、理解を深められるように構成。
6．系列	数、図形などの様々な系列問題を、難易度の低いものから段階別に練習できるように構成。
7．迷路	迷路の問題を繰り返し練習できるように構成。
8．対称	対称に関する問題を４つのテーマに分類し、各テーマごとに問題を段階別に練習できるように構成。
9．合成	図形の合成に関する問題を、難易度の低いものから段階別に練習できるように構成。
10．四方からの観察	もの（立体）を様々な角度から見て、どのように見えるかを推理する問題を段階別に整理し、１つの形式で複数の問題を練習できるように構成。
11．いろいろな仲間	ものや動物、植物の共通点を見つけ、分類していく問題を中心に構成。
12．日常生活	日常生活における様々な問題を６つのテーマに分類し、各テーマごとに一つの問題形式で複数の問題を練習できるように構成。
13．時間の流れ	『時間』に着目し、様々なものごとは、時間が経過するとどのように変化するのかということを学習し、理解できるように構成。
14．数える	様々なものを『数える』ことから、数の多少の判定やかけ算、わり算の基礎までを練習できるように構成。
15．比較	比較に関する問題を５つのテーマ（数、高さ、長さ、量、重さ）に分類し、各テーマごとに問題を段階別に練習できるように構成。
16．積み木	数える対象を積み木に限定した問題集。
17．言葉の音遊び	言葉の音に関する問題を５つのテーマに分類し、各テーマごとに問題を段階別に練習できるように構成。
18．いろいろな言葉	表現力をより豊かにするいろいろな言葉として、擬態語や擬声語、同音異義語、反意語、数詞を取り上げた問題集。
19．お話の記憶	お話を聴いてその内容を記憶、理解し、設問に答える形式の問題集。
20．見る記憶・聴く記憶	「見て憶える」「聴いて憶える」という『記憶』分野に特化した問題集。
21．お話作り	いくつかの絵を元にしてお話を作る練習をして、想像力を養うことができるように構成。
22．想像画	描かれてある形や景色に好きな絵を描くことにより、想像力を養うことができるように構成。
23．切る・貼る・塗る	小学校入試で出題頻度の高い、はさみやのりなどを用いた巧緻性の問題を繰り返し練習できるように構成。
24・絵画	小学校入試で出題頻度の高い、お絵かきやぬり絵などクレヨンやクーピーペンを用いた巧緻性の問題を繰り返し練習できるように構成。
25．生活巧緻性	小学校入試で出題頻度の高い日常生活の様々な場面における巧緻性の問題集。
26．文字・数字	ひらがなの清音、濁音、拗音、拗長音、促音と１～20までの数字に焦点を絞り、練習できるように構成。
27．理科	小学校入試で出題頻度が高くなりつつある理科の問題を集めた問題集。
28．運動	出題頻度の高い運動問題を種目別に分けて構成。
29．行動観察	項目ごとに問題提起をし、「このような時はどうか、あるいはどう対処するのか」の観点から問いかける形式の問題集。
30．生活習慣	学校から家庭に提起された問題と思って、一問一問絵を見ながら話し合い、考える形式の問題集。

31．推理思考	数、量、言語、常識（含理科、一般）など、諸々のジャンルから問題を構成し、近年の小学校入試問題傾向に沿って構成。
32．ブラックボックス	箱や筒の中を通ると、どのようなお約束でどのように変化するかを推理・思考する問題集。
33．シーソー	重さの違うものをシーソーに乗せた時どちらに傾くのか、またどうすればシーソーは釣り合うのかを思考する基礎的な問題集。
34．季節	様々な行事や植物などを季節別に分類できるように知識をつける問題集。
35．重ね図形	小学校入試で頻繁に出題されている「図形を重ね合わせてできる形」についての問題を集めました。
36．同数発見	様々な物を数え「同じ数」を発見し、数の多少の判断や数の認識の基礎を学べるように構成した問題集。
37．選んで数える	数の学習の基本となる、いろいろなものの数を正しく数える学習を行う問題集。
38．たし算・ひき算１	数字を使わず、たし算とひき算の基礎を身につけるための問題集。
39．たし算・ひき算２	数字を使わず、たし算とひき算の基礎を身につけるための問題集。
40．数を分ける	数を等しく分ける問題です。等しく分けたときに余りが出るものもあります。
41．数の構成	ある数がどのような数で構成されているか学んでいきます。
42．一対多の対応	一対一の対応から、一対多の対応まで、かけ算の考え方の基礎学習を行います。
43．数のやりとり	あげたり、もらったり、数の変化をしっかりと学びます。
44．見えない数	指定された条件から数を導き出します。
45．図形分割	図形の分割に関する問題集。パズルや合成の分野にも通じる様々な問題を集めました。
46．回転図形	「回転図形」に関する問題集。やさしい問題から始め、いくつかの代表的なパターンから、段階を踏んで学習できるよう編集されています。
47．座標の移動	「マス目の指示通りに移動する問題」と「指示された数だけ移動する問題」を収録。
48．鏡図形	鏡で左右反転させた時の見え方を考えます。平面図形から立体図形、文字、絵まで。
49．しりとり	すべての学習の基礎となる「言葉」を学ぶこと、特に「語彙」を増やすことに重点をおき、さまざまなタイプの「しりとり」問題を集めました。
50．観覧車	観覧車やメリーゴーラウンドなどを舞台にした「回転系列」の問題集。「推理思考」分野の問題ですが、要素として「図形」や「数量」も含みます。
51．運筆①	鉛筆の持ち方を学び、点線なぞり、お手本を見ながらの模写で、線を引く練習をします。
52．運筆②	運筆①からさらに発展し、「欠所補完」や「迷路」などを楽しみながら、より複雑な鉛筆運びを習得することを目指します。
53．四方からの観察 積み木編	積み木を使用した「四方からの観察」に関する問題を練習できるように構成。
54．図形の構成	見本の図形がどのような部分によって形づくられているかを考えます。
55．理科②	理科的知識に関する問題を集中して練習する「常識」分野の問題集。
56．マナーとルール	道路や駅、公共の場でのマナー、安全や衛生に関する常識を学べるように構成。
57．置き換え	さまざまな具体的・抽象的事象を記号で表す「置き換え」の問題を扱います。
58．比較②	長さ・高さ・体積・数などを数学的な知識を使わず、論理的に推測する「比較」の問題を練習できるように構成。
59．欠所補完	線と線のつながり、欠けた絵に当てはまるものなどを求める「欠所補完」に取り組める問題集です。
60．言葉の音（おん）	しりとり、決まった順番の音をつなげるなど、「言葉の音」に関する問題に取り組める練習問題集です。

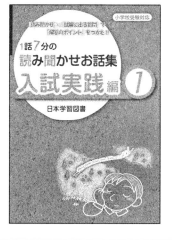

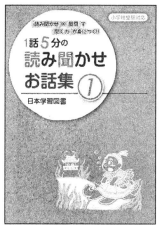

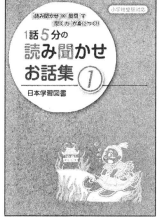

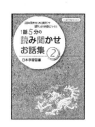

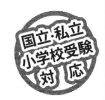

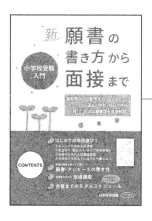

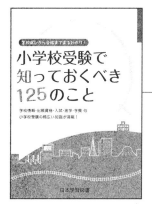

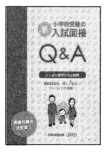

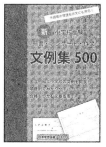

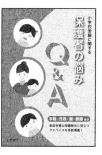

家庭学習をトータルサポート！ ニチガクのオリジナル 効果的 学習法

1 まずは アドバイスページを読む！

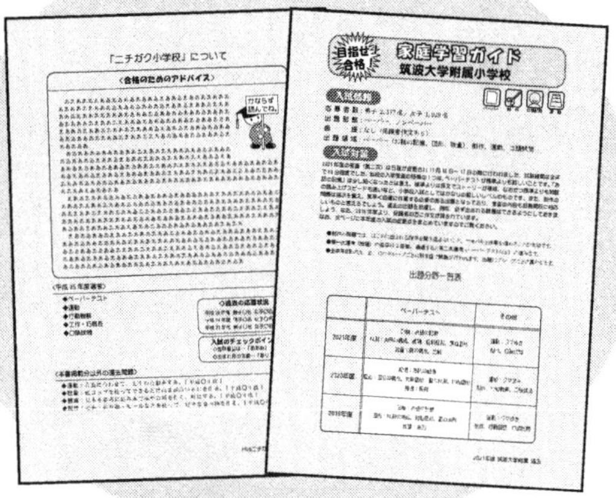

ピンク色です

対策や試験ポイントがぎっしりつまった「家庭学習ガイド」。分野アイコンで、試験の傾向をおさえよう！

2 問題をすべて読み、出題傾向を把握する

3 「学習のポイント」で学校側の観点や問題の解説を熟読

4 はじめて過去問題にチャレンジ！

5 プラスα 対策問題集や類題で力を付ける

過去問のこだわり

最新問題は問題ページ、イラストページ、解答・解説ページが独立しており、お子さまにすぐに取り掛かっていただける作りになっています。
ニチガクの学校別問題集ならではの、学習法を含めたアドバイスを利用して効率のよい家庭学習を進めてください。

各問題のジャンル

問題7 分野：図形（図形の構成）　　Aグループ男子

〈解答〉 下図参照

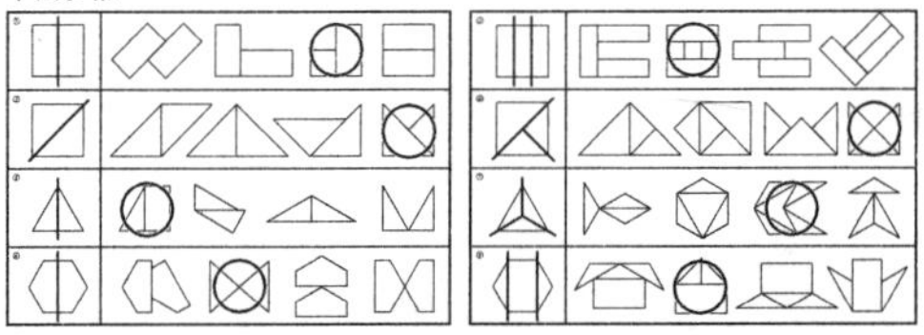

図形の構成の問題です。解答時間が圧倒的に短いので、直感的に答えないと全問答えることはできないでしょう。例年ほど難しい問題ではないので、ある程度準備をしたお子さまなら可能のはずです。注意すべきなのはケアレスミスで、「できないものはどれですか」と聞かれているのに、できるものに○をしたりしてはおしまいです。こういった問題では基礎とも言える問題なので、もしわからなかった場合は基礎問題を分野別の問題集などでおさらいしておきましょう。

【おすすめ問題集】
★筑波大附属小学校図形攻略問題集①②★（書店では販売しておりません）
Jr・ウォッチャー9「合成」、54「図形の構成」

学習のポイント

各問題の解説や学校の観点、指導のポイントなどを教えます。
今日から保護者の方が家庭学習の先生に！

おすすめ対策問題集

分野ごとに対策問題集をご紹介。苦手分野の克服に最適です！
＊専用注文書付き。

2022年度版
白百合学園小学校 過去問題集

発行日 2021年8月16日
発行所 〒162-0821 東京都新宿区津久戸町 3-11-9F
日本学習図書株式会社
電　話 03-5261-8951 ㈹

ISBN978-4-7761-5347-4
C6037 ¥2000E
9784776153474
定価 2,200円
（本体2,000円+税10%）
1926037020004